리크루팅의 정석

3가지가 통했느냐?

리크루팅의 정석

3가지가 통했느냐?

문충태 지음

중앙경제평론사

프롤로그

3가지가 통했느냐?

통즉불통 불통즉통(通卽不痛 不通卽痛)

우리나라에서 제일 유명한 명의가 있다. 초등학생들도 다 아는 명의다. 누구인가? 허준(1539~1615)이다.

허준이 쓴 유명한 의학서적이 《동의보감(東醫寶鑑)》이다. 유네스코 세계기록 유산에도 등재되어 있는 세계적으로 유명한 의학서적이다.

《동의보감》에서 허준은 이렇게 말한다.

"통즉불통 불통즉통(通卽不痛 不通卽痛)."

무슨 뜻인가? 통할 통(通), 곧 즉(卽), 아니 불(不), 아플 통(痛). '통하면 아프지 않고 통하지 않으면 아프다'라는 말이다.

우리 심장을 보라. 지금 이 시간에도 심장은 끊임없이 쿵쾅쿵쾅하면서 피를 뿜어주고 있다. 심장에서 나온 피가 우리 몸 구석구석 모세혈관까지 어느 한 곳 막힘없이 잘 통해야만 우리에게는 아무런 문제가 없다.

만약 어느 한 곳이라도 막힌 곳이 있다면 몸에 이상 증상이 나타난다. 즉, 심장에서 뿜어준 피가 머리로 올라가서 머리끝 모세혈관까지 막힘없이 잘 통해야 하는데, 머리 부분의 어느 한 곳에서 막히게 된다면 어떻게 되는가? 뇌경색이 일어난다. 그러면 그 후유증이 어마어마하다. 반신불수가 되거나, 치매에 걸리거나, 말을 못한다거나 기억력을 잃게 된다.

또 심장에서 뿜어진 피가 다리 끝 모세혈관까지 막힘없이 잘 통해야 하는데, 다리로 내려가다 어느 곳에서 막혔다고 하자. 그러면 하지정맥류라는 병이 생기게 된다. 그러면 그 후유증이 엄청나다. 그래서 허준은 통즉불통 불통즉통(通卽不痛 不通卽痛), '통하면 아프지 않고 통하지 않으면 아프다'라고 했다.

인통(人通), 심통(心通), 소통(疏通)

리크루팅도 마찬가지다. 리크루팅은 사람을 상대로 하는 대인 비즈니스(對人 Business)다.

그런데 이 대인 비즈니스가 다음 3가지가 막힘없이 잘 통해야 하는데, 어느 것 하나라도 제대로 통하지 않고 막히게 되면 리크루팅은 문제가 생긴다. 리크루팅에 실패하게 된다는 말이다.

리크루팅에서 막힘없이 잘 통해야 하는 것 3가지가 무엇인가? 인통(人通), 심통(心通), 소통(疏通)이다.

리크루팅에서 제일 중요한 것은 인통이다. 인맥이 통해야 한다는 것이다. 리크루팅을 성공적으로 수행하려면 인맥을 형성하는 일을 먼저 해야 한다. 인맥이 형성되어야 그 다음 심통 단계로 발전할 수 있게 된다.

심통은 마음이 통해야 한다는 것이다. 먼저 인통 단계에서 인간적인 네트워크가 형성되었다고 한다면 그 다음 심통 단계에서는 마음이 통해야 한다. 말하지 않아도 마음이 통하는 신뢰가 형성되어야 한다. 그래야 마지막 단계인 소통 단계로 옮겨 갈 수 있게 된다.

리크루팅은 이 3가지 중 어느 것 하나라도 막히면 성공하지 못한다. 이 3가지가 잘 통하도록 다양한 접근 방법, 다양한 활동 아이디어를 개발해야 한다. 이것이 성공적인 리크루팅을 위한 우리의 행동 과제다.

이 책에서는 1장 인통(人通), 어떻게 인맥이 통하게 할 것인가, 2장 심통(心通), 어떻게 마음이 통하게 할 것인가, 3장 소통(疏通), 어떻게 말이 통하게 할 것인가에 초점을 맞추어 리크루팅 방법을 소개하고 있다.

1장 인통 단계에서는 리크루팅 대상자를 어디서 찾고 어떻게 관리해야 하는가에 대해 설명한다. 리크루팅을 감각적으로 접근하는 것이 아니라 체계적으로 접근하는 방법을 소개한다.

2장 심통 단계에서는 리크루팅 대상자와 어떻게 친분관계를 맺어 가는가에 대해 설명한다. 즉, 리크루팅 대상자와 어떻게 접촉할 것이며, 또 어떻게 서로 마음이 통하게 행동할 것인가에 대한 접근 방법을 소개한다.

3장 소통 단계에서는 리크루팅 대상자와의 상담 방법을 소개한다. 어떻게 상담할 것인가, 또 거절을 당하게 되면 어떤 화법으로 대처해야 하는가에 대해 설명한다.

먼저 고민하라. 그리면 답이 보인다

이 책의 구성 중에 특징적인 것이 있다. 각 장의 내용이 세 부분으로 나뉘어져 있다는 것이다. 리크루팅 접근하기(Approach), 리크루팅 아이디어 찾기, 즉 리크루팅 생각하기(Thinking), 리크루팅 행동력 키우기(Insight) 이렇게 세 부분으로 구성되어 있다.

리크루팅 접근하기(Recruiting Approach)

이 부분에서는 리크루팅에 대한 문제점을 제시한다. 리크루팅을 성공적으로 수행하려면 반드시 행동으로 옮겨야 할 핵심요소가 있는데 그것은 무엇이며, 그것을 어떻게 접근해야 하는가에 대한 문제를 제기한다. 일종의 마음준비라고나 할까.

다시 말해 수영을 하거나 물놀이를 할 때는 물에 들어가기에 앞서 가슴에 물을 적시고 나서 본격적으로 물에 들어가듯이 다음에 전개될 리크루팅 방법에 대한 구체적인 방법을 접하기에 앞서 먼저 마음의 준비운동을 하는 부분이다. 리크루팅 행동 방법을 찾기 전에 무슨 행동을 해야 할 것인가에 대한 핵심 이슈를 먼저 생각하는 부분이다.

리크루팅 생각하기(Recruiting Thinking)

이 부분에서는 앞에서 제기된 문제점에 대한 행동 방법을 고민해 보는 부분이다. 수동적으로 접근하지 말고 능동적으로 접근해 보자고 해서 마련한 부분이다.

먼저 리크루팅 활동에 대한 나의 문제점을 진단해 보고, 그 문제점을 어떻게 해결할 것인가에 대한 고민을 해보자는 것이다. 그러고 나서 리크루팅 활동 방법을 찾는 것이 보다 효과적일 것이라고 생각했다.

생각이 없는 사람에게는 아무리 좋은 아이디어가 눈앞에 지나간다 하더라도 그것이 아이디어인지도 모르고 그냥 흘려보낸다. 그러나 고민하는 사람에게는 아주 하찮은 아이디어라 할지라도 그것이 크게 보이게 되어 있다.

이 부분에서는 펜으로 직접 주어진 문제에 대한 나의 생각과 방법을 적어보는 것이 중요하다. 단순히 머리로 생각하는 것과 직접 적으면서 생각하는 것은 엄청난 차이가 있기 때문이다.

성격이 급한 사람은 이 부분을 생략하고 곧바로 다음 단계로 넘어가고자 하는 유혹을 느낄 것이다. 그렇다 하더라도 인내심을 가지고 한 번 시도해 보라.

리크루팅에는 정답이 없다. 그러나 방법은 있다는 사실을 잊지 않았으면 한다. 방법은 고민하는 사람에게만 보인다. 리크루팅을 하느냐 못하느냐는 고민을 하느냐 안 하느냐의 차이다. 리크루팅을 풀어가기 위해서 몸살이 날 정도로 고민하는 사람에게는 그만의 방법이 보이게 된다.

리크루팅 행동력 키우기(Recruiting Insight)

이 부분에서는 리크루팅에 대한 보다 자세한 활동 방법을 제시한다. 앞에서 고민했던 리크루팅 문제에 대한 해답이 제시되는 부분이라고나 할까. 리크루팅을 성공적으로 수행하려면 어떻게 행동해야 하는가에 대한 방법이 다양한 현장 사례와 함께 소개되고 있다.

타산지석(他山之石)이라는 말이 있다. '다른 산의 돌'이라는 뜻이다. 다른 산에 있는 거친 돌이라 하더라도 숫돌로 활용하면 내가 가지고 있는 옥을 갈 수 있다는 뜻이다. 다른 사람의 언행을 잘 활용하여 내 것으로 만들면 유용하게 쓸 수 있다는 말이다.

리크루팅 활동에 있어 다른 사람의 성공이나 실패 사례를 소개하는 것은 그들의 행동을 그대로 답습하기보다는 그들의 사례를 통해서 나만의 활동 아이디어를 얻고, 활동 방법을 생각해 보는 등의 타산지석으로 활용하자는 의미이다.

이 부분에서 잊지 말아야 하는 것은 아는 것으로 그쳐서는 안 된다는 것이다. 리크루팅은 아는 것이 중요한 것이 아니라 행동하는 것이 중요하다. 머리로 아는 것이 아니라 그 아는 것을 몸소 행동으로 옮겨야 결과가 있는 것이 리크루팅이다. 그러기 위해서는 남들이 하는 방법을 생각 없이 답습하기보다는 나만의 방법으로 승화시키는 노력이 필요하다.

끝으로 이 책이 리크루팅을 어떻게 풀어가야 할지 막막한 사람들에게 가뭄에 단비와 같이 리크루팅의 갈증을 해결해 주는 시원한 청량제가 되었으면 하는 바람이다.

한 송이의 국화꽃을 피우기 위해 봄부터 울었던 소쩍새처럼 지금 이 시간에도 한 명의 리크루팅을 위해서 오랜 시간을 투자해 가면서 현장에서 땀 흘리고 계시는 분들에게 힘찬 응원의 박수를 보낸다.

아울러 이 책에 나오는 많은 사례들 속에서 알게 모르게 주인공으로 등장하신 모든 분들께 마음 깊은 곳으로부터 감사의 말씀을 드린다.

문충태

Contents

인맥이 통했느냐?

2장

심통 心通

마음이 통했느냐?

3장

소통 疏通

말이 통했느냐?

1장
인통

인맥이 통했느냐?

人通

1. 성공하려면 반드시 극복해야 하는 것은?
고정관념

2. 왜 '뻥 리크루팅'인가?
기본기 부족

3. 리크루팅에서 잊지 말아야 하는 것은?
대인 비즈니스

4. 리크루팅 성공의 기본 원칙은?
3개월 마인드

5. 리크루팅의 80%는 어디에서 나오나?
대상자 카드

6. 리크루팅에서 반드시 거쳐야 하는 과정은?
숙성과정

7. 리크루팅 활동의 본격적인 출발점은?
리스트업

인통

1. 성공하려면 반드시 극복해야 하는 것은?

고정관념

리크
루팅 Approach

고장난 생각

벽시계가 있다. 정상적으로 작동하는 벽시계라고 한다면 시계바늘이 째깍째깍 쉬지 않고 돌아가야 한다.

그러나 고장난 벽시계를 보라. 시계바늘이 멈춰 있다. 어제도 그 시각을 가리키고, 오늘도 그 시각을 가리키고 있고, 내일도 그 시각을 가리킬 것이다.

생각이 고장나 있는 사람이 있다. 그는 날마다 같은 말만 되풀이한다. 어제도 같은 말을 했고, 오늘도 똑같은 말만 한다. 아마도 내일도 똑같은 말로 똑같은 주장을 할 것이다. 왜 그럴까? 생각이 고장나 있기 때문이다.

고장난 벽시계가 날마다 같은 시각만 가리키고 있는 것처럼 생각이 고장난 사람은 날마다 같은 생각, 같은 행동만 한다. 그래서 고정관념을 고장난 사람의 고장난 생각이라 한다.

리크루팅을 성공적으로 수행하려면 제일 먼저 극복해야 하는 것이 고정관념이다.

고정관념에 사로잡혀 있는 사람은 다른 생각을 하려 하지 않는다. 그러니 다른 행동이 따라오지 않는 것이다. 그러면서 다람쥐 쳇바퀴 돌듯이 날마다 같은 생각, 같은 방법을 답습하고 있는 것이다.

어제와 다른 생각을 하자. 남들과 다른 방법으로 접근하자. 고정관념을 버리면 리크루팅에 대한 새로운 생각, 새로운 접근 방법이 보인다.

리크루팅 Thinking

리크루팅 고정관념에 대해 생각해 보자.

리크루팅을 잘하고 있는가? 리크루팅의 성과가 목표대로 잘 이루어지고 있는가? "아니오"라고 대답했다면 리크루팅을 고정관념에 사로잡혀 접근하고 있었기 때문일 것이다. 리크루팅에 대한 나의 고정관념은 무엇인가?

나의 리크루팅 접근 방법은 어떤 것이 있을까?

다람쥐 쳇바퀴 돌듯이 리크루팅을 매월 똑같은 방법으로 접근하고 있는 것은 어떤 것이 있는가? 다른 사람들이 하는 방법을 생각 없이 그대로 따라하고 있는 것들은 어떤 것들일까?

리크루팅 Insight

리크루팅에 대한 고정관념, 하나

리크루팅을 못하는 사람들에게는 한 가지 공통점이 있다. 리크루팅 하면 후보자를 먼저 떠올린다는 것이다. 후보자가 누구인가? 지금 당장 면담이 가능한 사람이다. 이번 달 즉시 신입사원 교육에 참석할 수 있는 여건이 되는 사람이다.

그러나 리크루팅 프로세스를 보라.

리크루팅 프로세스

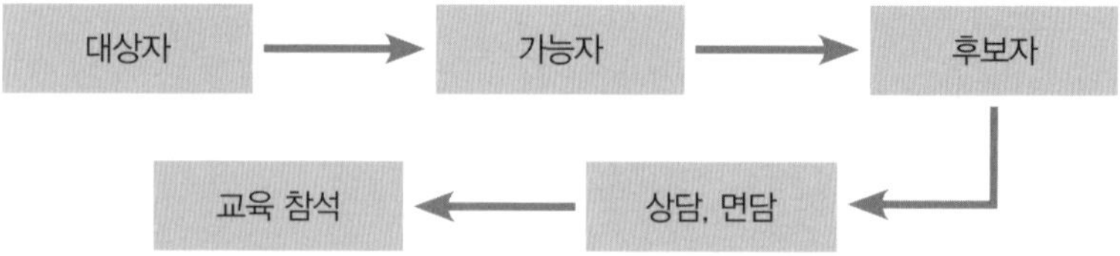

이 프로세스를 모르는 사람은 아무도 없다. 리크루팅을 회사로부터,

아니 본부나 지점의 교육을 통해서 귀에 못이 박히도록 배우고 또 배웠던 내용이다.

그런데 왜 리크루팅을 못하는가? 고정관념 때문이다. 리크루팅 하면 후보자를 먼저 떠올리는 고정관념 때문이다. 리크루팅 프로세스에는 분명히 대상자를 먼저 찾고, 그 사람들 중에서 누가 가능성이 있는가 하는 가능자를 선별하고, 그들과 친분관계를 만들어 상담이나 면담이 가능한 후보자를 만들어야 한다고 되어 있다.

그러나 고정관념에 사로잡혀 있는 사람들에게는 이것이 귀에 들어올리 없다. 리크루팅은 대상자 찾는 것을 먼저 해야 하는데, 대상자 찾으려는 노력도 없이 곧바로 후보자를 찾는 것이다.

그러면 도대체 대상자가 누구인가? 지금 당장 면담할 여건이 되지 않는 사람이다. 아니, 지금 현재는 우리 쪽에 와서 일할 수 있는 여건이 되지 못하는 사람이다. 이런 사람들이 리크루팅 대상자이다.

이런 사람들을 집중적으로 찾아야 한다. 여건이 된다, 안 된다를 따지기에 앞서 리크루팅 소스 찾는 일에 집중해야 리크루팅을 풀어갈 수 있다.

리크루팅 하기를 원하는가? 아니, 리크루팅을 잘하고 싶은가? 그러면 지금 당장 당신이 가지고 있는 고정관념부터 버려라. 이제부터는 리크루팅을 지금까지의 행동 방법과 다른 거꾸로 접근해 보라. 후보자를 먼저 생각하는 것이 아니라 대상자를 먼저 보라. 당장 면담이 가능한 사람을 찾으려 하지 말고 리크루팅 자원 찾는 일에 집중하라. 이것이 리크루팅 프로세스 중에 첫 번째 해야 할 일이다.

리크루팅에 대한 고정관념, 둘

리크루팅 하면 대부분의 사람들이 부담스러워 한다. 그 이유가 무엇인지 물었다. 그랬더니 많은 사람들이 하는 말이 리크루팅은 사람을 설득해서 데려와야 하기 때문이라고 했다. 고정관념이다. 옛날 아날로그 시대에는 그렇게 했을지 모르겠다.

그러나 지금 스마트 시대에서는 리크루팅을 그렇게 풀어가면 안 된다. 지금은 리크루팅 접근 방법이 바뀌었기 때문이다.

스마트 시대 리크루팅 접근 방법

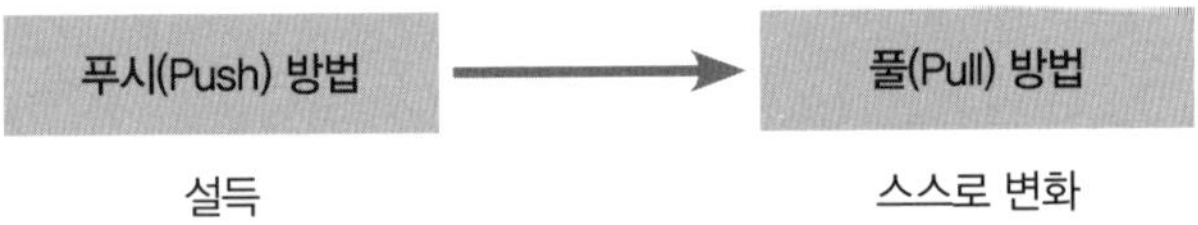

푸시(Push) 방법은 리크루팅 대상자를 찾아가 설득하는 방법이다. 그 사람이 우리 직업에 아무 관심이 없음에도 불구하고 우리 입장에서 상대방을 설득하려고 하는 것이다. 왜 이런 행동을 할까? 고정관념 때문이다. 앞에서 언급한 리크루팅 후보자를 먼저 보는 고정관념 때문에 이런 접근 방법을 선택하는 것이다.

대상자를 찾거나 가능성이 있는 사람을 선별하는 작업도 없이 상대방을 설득하려고 덤비는 것이다. 아날로그 시대에 썼던 방법이다.

이런 방법에는 인통(人通)이 없다. 사람을 내 편으로 만들기 위해서는 먼저 인간적으로 통하는 신뢰관계를 형성하여야 하는데, 그런 것도 없이 무대뽀로 덤비는 것이다. 아직도 이 방법에 매달리고 있는 사람은 몸은 스마트 시대에 살고 있으면서 생각은 아날로그 시대에서 벗어나지 못한 사람이다.

풀(Pull) 방법은 리크루팅 대상자로 하여금 스스로 마음이 변하게 하고 스스로 결정하게 하는 방법이다. 이 방법은 푸시(Push) 방법에 비해 시간이 더 걸린다. 즉, 인간관계의 숙성기간이라는 시간을 필요로 한다. 평상시 꾸준한 접촉을 통해서 인간적으로 통하는 인통관계를 만들어야 가능한 방법이다.

먼저 대상자를 찾고 그들 중에 우리 업종에 적합한 가능자를 찾고, 그 사람을 집중관리해서 후보자를 만들고, 면담을 통해서 리크루팅을 하는 방법이다. 리크루팅 프로세스에 충실한 방법이 풀(Pull) 방법이다.

스마트 시대는 스마트한 방법으로 접근해야 한다. 지금은 리크루팅 대상자를 무작정 찾아가 설득하는 푸시 방법이 아니라 리크루팅 대상자를 찾아 배양하는 과정을 통해서 리크루팅 대상자가 스스로 변하고 결정하는 풀 방법으로 풀어가야 한다.

성공적인 리크루팅을 위해서는 가장 대표적인 고정관념 2가지를 빨리 바꿔야 한다. 리크루팅 후보자를 보지 말고 대상자를 먼저 찾아라. 그리고 설득하려 덤비는 푸시 방법이 아니라 평상시 꾸준한 접촉을 통해서 인간관계를 만들어 가는 풀 방법으로 바꾸어야 한다.

인통

2. 왜 '뺑 리크루팅'인가?

기본기 부족

리크루팅 Approach

뺑 축구와 뺑 리크루팅

한동안 한국 축구를 '뺑 축구'라고 한 적이 있다. 골을 넣을 수 있는 결정적인 찬스에 뺑 하고 공을 허공으로 날려버리는 일이 다반사였기 때문에 붙여진 이름이다. 지금도 한국 축구가 해결해야 할 가장 큰 문제가 골 결정력이라고 한다.

왜 뺑 축구를 하는가? 문제는 기본기가 제대로 갖춰져 있지 않기 때문이다. 기본기가 제대로 갖춰져 있어야 응용 동작이 나오는데, 기본기가 없기 때문에 골을 넣을 수 있는 상황에서도 넣지 못하는 것이다. 그래서 스포츠에서 가장 중요한 것이 기본기를 제대로 익히라는 것이다. 그래야 순발력도 나오고 응용 동작도 나오기 때문이다.

'뺑 리크루팅'을 하는 사람이 있다. 목표를 거창하게 잡고 나름대로 열심히 활동하는 것 같은데, 결과는 '뺑이요~'하는 사람이 부지기수이다.

왜 '뻥 리크루팅'을 하는가? 문제는 기본을 제대로 행하지 않기 때문이다. 기본이 없으니까 결과가 신통치 않은 것이다.

뻥 축구와 뻥 리크루팅의 공통점은? 기본(Basic)이 없다는 것이다. 기본이 제대로 갖춰지지 않았다는 것이다. 축구선수는 뻥 축구를 하면 안 되고, 매니저는 뻥 리크루팅을 하면 안 된다. 축구선수든 매니저든 제일 먼저 익혀야 하는 것은 기본기다.

리크루팅 Thinking

리크루팅에서 가장 중요한 기본은 무엇일까?

프로냐, 아마추어냐 하는 갈림길은 기본기에 달렸다. 기본기가 제대로 갖춰져 있지 않으면 아마추어에서 벗어나지 못한다. '뻥 리크루팅'을 하지 않으려면 반드시 지켜야 하는 기본이 있다. 프로 매니저로서 리크루팅을 성공적으로 수행하려면 반드시 지켜야 하는 기본은 무엇인가?

1일 활동에서 반드시 지켜야 하는 기본은 무엇일까?

1분이 모여 1시간이 되고, 1시간이 모여 하루가 된다. 하루가 모여 한 달이 되고 한 달이 모여 일 년이 된다. 이번 달 리크루팅을 성공적으로 하느냐 못하느냐는 오늘 활동을 어떻게 하느냐에 달렸다. 성공적인 리크루팅을 위해서 오늘 리크루팅 활동에서 지켜야 하는 기본은 무엇인가?

리크루팅 Insight

리크루팅에서 지켜야 할 기본

100명의 세일즈 매니저에게 물었다.

"리크루팅을 하면서 가장 어려운 것이 어떤 것인가? 2가지 이상 답하라."

그랬더니 제일 많은 답이 나온 것이 다음의 3가지였다. 대상자 찾기, 후보자 배양, 그리고 상담이었다.

리크루팅에서 풀어야 할 과제 3가지

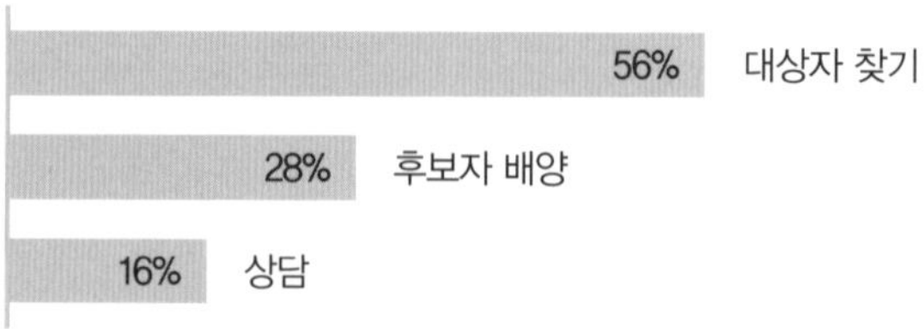

리크루팅 대상자와 후보자를 혼동하지 마라. 먼저 분명히 해야 하

는 것이 리크루팅 대상자와 리크루팅 후보자에 대한 명확한 구분이다. 먼저 리크루팅 대상자란 누구인가? 앞에서도 말했듯이 리크루팅 대상자는 지금 당장 리크루팅을 할 수 있는 여건이 되는 사람이 아니다. 현재 다른 곳에서 일을 잘하고 있는 사람이라든가, 아니면 30대 여성으로 임신 중이어서 활동할 수 없는 사람 등이 리크루팅 대상자이다.

그럼 리크루팅 후보자는 누구인가? 현재는 활동 가능성이 없는 리크루팅 대상자를 중심으로 앞으로 활동할 수 있는 가능자를 추려낸 다음 이 가능자들을 한 번 만나고 두 번 만나는 등의 친분관계를 맺어서 어느 정도 활동 여건이 되도록 배양한 사람이 리크루팅 후보자이다.

그러나 대부분의 사람들이 리크루팅 대상자와 리크루팅 후보자를 구분하지 않고 있다. 리크루팅 대상자 + 리크루팅 가능자 + 리크루팅 후보자를 묶어서 리크루팅 후보자라고 하는 사람이 많다.

이런 사람들은 배양 리크루팅이라는 개념이 없다. 자원을 찾아내고 배양하고 하는 과정관리가 없이 무대뽀로 리크루팅하겠다고 덤비는 것이다. 기본기가 없기에 뻥 축구를 하는 것처럼 이런 기본을 지키지 않기 때문에 뻥 리크루팅을 하는 것이다.

벼농사를 짓는 데는 2가지 방법이 있다. 하나는 천수답(天水畓), 다른 하나는 수리답(水利畓)이다.

천수답은 하늘에서 비가 오기만을 기다리는 농사법이다. 하늘에서 비가 오면 다행이고, 비가 오지 않으면 농사를 망친다. 그러나 수리답은 물을 적극적으로 이용하는 방법이다. 저수지에 물을 가둬놓고, 필요에 따라 수로에 물을 내보내어 가뭄에도 끄떡없이 농사를 짓는 방법이다.

천수답 형식의 리크루팅 활동을 하는 사람이 있다. 리크루팅 후보자가 하늘에서 뚝 떨어지기만을 기다리는 사람이다. 다행히 리크루팅을 할 사람이 하늘에서 떨어지면 리크루팅을 할 수 있겠지만 그런 사람이 없으면 '뻥'을 친다. '뻥 리크루팅'을 하는 사람들은 대부분 천수답 형식의 리크루팅을 하고 있다.

반면에 수리답 농사법으로 리크루팅을 풀어가는 사람이 있다. 먼저 저수지에 물을 가두듯이 제일 먼저 리크루팅 자원을 찾는데 집중한다. 리크루팅 대상자 풀(pool)을 만드는 일을 먼저 한다.

그 다음에 필요에 따라 물을 수로에 내보내듯이 확보한 리크루팅 자원 중에서 가능성이 있는 사람을 찾아 친분관계를 맺어 나가고, 이런 사람들 중에 후보자를 만들어 간다. 다시 말하면 배양 리크루팅을 실천하는 것이다. 이런 매니저가 매월 성공적으로 리크루팅을 하는 프로 매니저다.

1일 활동량에서 지켜야 할 기본

운동을 처음 배우는 사람이 제일 먼저 익혀야 하는 것이 있다. 기본자세이다. 세일즈를 처음 시작하는 사람이 제일 먼저 익혀야 하는 것이 있다. 그것이 무엇일까? 정답은 1일 활동량 관리이다.

운동선수가 제일 먼저 익혀야 하는 것이 기본기라고 한다면, 세일즈

맨이 제일 먼저 익혀야 할 기본기가 1일 활동량 관리이다.

1일 활동량이 대상자 찾기 50%, 친분 맺기 30%, 상담 20%의 비율로 구성되어 있어야 한다. 이것이 프로 세일즈맨이 되기 위한 1일 활동량의 기본이다.

그러나 세일즈 활동에서 실패한 대부분의 사람들을 보면 이 기본을 지키지 않는다. 세일즈에서 실패한 사람들의 1일 활동 모습을 가만히 들여다보았다. 그랬더니 한 가지 공통점을 발견할 수 있었다. 1일 활동 중에서 대상자 찾기가 없다. 또 친분관계 맺는 일에도 소홀하다. 그러면서 오직 상담하는 일에만 매달린다. 그러니 결과가 신통치 않는 것이다. 기본 중에 기본을 지키지 않으니 실패할 수밖에 없는 것이다.

리크루팅 1일 활동량

대상자 찾기	후보자 배양	상담
50%	30%	20%

성공적인 리크루팅을 위해서 반드시 지켜야 할 기본이 있다. 리크루팅 활동에서 1일 활동량이 대상자 찾기 50%, 후보자 배양 30%, 상담 20%의 비율로 되어 있어야 한다는 것이다.

그러나 대부분의 매니저들을 보면 1일 활동량에 문제가 있다. 대상자 찾는 노력이 없다. 후보자 배양하는 행동도 없다. 활동량의 80%가 상담하는 일에만 집중되어 있다. 그러니 '뻥 리크루팅'을 하는 것이다.

생각해 보라. 리크루팅을 잘하려면 1일 활동량이 대상자 찾기 50%,

후보자 배양 30%, 즉 80%가 자원을 찾고 배양하는 일에 집중되어야 한다.

그러나 뻥 리크루팅을 하는 사람을 보면 이것이 거꾸로 되어 있다. 80%가 상담에 집중되어 있고, 대상자 찾기, 후보자 배양은 20%밖에 안 된다. 대상자 찾기가 없고 후보자 배양하는 노력이 없는데, 어디서 상담할 사람이 나타나겠는가?

매니저들을 상대로 리크루팅에 대한 설문조사를 한 적이 있다. 그 결과가 이랬다.

리크루팅 후보자는 리크루팅 대상자 6명 중에 1명이 나온다. 리크루팅 상담을 거쳐 신입사원 교육에 참석하는 사람은 리크루팅 후보자 5명 중에 1명이 나온다.

그러면 1명의 리크루팅을 성공하려면 리크루팅 대상자가 몇 명이 있어야 할까? 간단히 산술적으로 계산해 봐도 적어도 대상자 30명이 있어야 리크루팅 1명을 할 수 있다는 것이다.

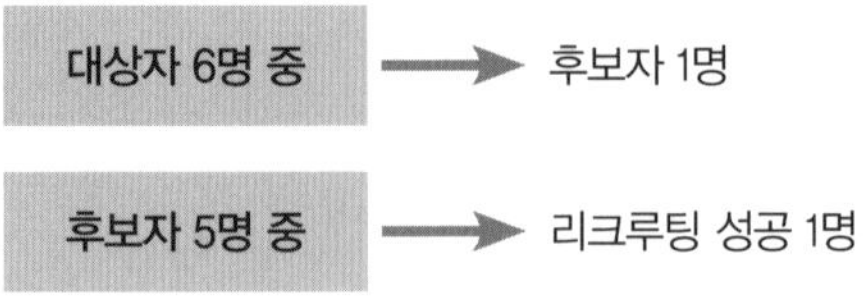

1명을 리크루팅하려면 대상자 30명이 필요

당신은 지금 리크루팅 대상자가 몇 명이 확보되어 있는가? 200명? 아니라면 100명? 그것도 아니라면 50명? 아니, 그것도 아니라면? 도

대체 대상자가 몇 명이 있다는 말인가? 리크루팅 대상자도 없으면서 어떻게 리크루팅을 하겠다는 것인가? 그러니까 매월 '뺑 리크루팅'을 하는 것 아닌가?

리크루팅에서 제일 중요한 것은 대상자부터 찾는 일이다. 리크루팅을 성공적으로 수행하려면 반드시 해야 하는 것이 대상자부터 찾는 것, 즉 리크루팅 자원 풀(pool)을 만드는 일이다. 이것이 리크루팅에서 지켜야 할 첫 번째 기본(Basic)이다.

인통

3. 리크루팅에서 잊지 말아야 하는 것은?

대인 비즈니스

리크루팅 Approach

속도 우선이냐, 방향 우선이냐?

"인생은 속도가 아니라 방향이다."

괴테의 말이다.

누구는 시속 100km로 달리고 있고, 누구는 시속 50km로 달리고 있고, 또 누구는 시속 20km로 달리고 있다. 저마다 자기만의 속도가 있다.

그러나 인생은 속도가 아니다. 속도에만 집착하다 보면 소중한 것을 보지 못하고 지나쳐 버리기 일쑤고, 방향을 잃어버려 자신이 원하지 않는 엉뚱한 곳으로 가기도 한다. 그래서 인생은 속도보다 방향이라 한다.

리크루팅은 속도보다 방향이다. 얼마나 많은 사람을 리크루팅하느냐 보다 얼마나 양질의 사람을 리크루팅하느냐가 더 중요하다. 이것이 핵심이다. 리크루팅에 있어 가장 근본적인 문제다.

속도에만 집착하면 우량 자원이 보이지 않는다. 배양활동을 통한 리크루팅을 생각할 겨를이 없다. 당장 한 명이라도 데려와야 한다는 강박관념이 더 크기 때문이다.

리크루팅은 방향이 더 중요하다. 방향을 더 중요시하는 사람은 지금 당장을 보지 않는다. 오늘이 아니라 내일을 먼저 생각한다. 설득이 아니라 사람 얻는 일에 치중한다.

소금에서 짠맛을 빼면 무엇이 남을까? 소금은 짠맛을 잃으면 아무 소용이 없다. 소금의 정체성은 짠맛에 있기 때문이다.

리크루팅에서 방향을 빼면 무엇이 남을까? 속도만 남는다? 천만에…… 불량 자원만 도입된다.

당신은 속도가 우선인가, 방향이 우선인가?

리크루팅 Thinking

나의 리크루팅 활동 방향은?

속도 중심의 리크루팅 활동과 방향 중심의 리크루팅 활동은 어떻게 다를까? 속도 중심의 리크루팅 활동의 특징과 방향 중심의 리크루팅 활동의 특징을 정리해 보자.

속도 중심 리크루팅

방향 중심 리크루팅

사람을 내 편으로 만들기 위해서 가장 중요한 것은?

사람을 내 편으로 만들기 위해서 가장 우선적으로 해야 하는 것은 무엇일까?

리크루팅 Insight

리크루팅은 대인 비즈니스다

언젠가 리크루팅이 안 돼 고민이라는 한 매니저와 상담을 한 적이 있다. 사람은 열심히 찾아다니는데, 만나서 설득도 열심히 하는데 리크루팅이 안 된다고 하면서 어떻게 하면 좋겠냐는 것이었다.

그의 활동 방법에는 치명적인 문제가 있었다. 목적을 가지고 사람을 만난다는 것이었다. 사람을 설득하기 위해 만난다는 것이었다.

그에게 물었다.

"사람을 만날 때 가장 중요한 것이 무엇인지 아십니까?"

대답을 못했다. 질문을 바꿔 다시 물었다.

"영업이나 리크루팅에서 반드시 잊지 말아야 하는 것이 무엇인지 아십니까?"

역시 대답을 못했다.

그것은 대인 비즈니스(對人 Business)라는 것이다. 사람을 상대로 하는 비즈니스라는 것이다.

사람을 상대로 하는 일에서 제일 먼저 해야 하는 일은 상품을 파는 것도 아니요, 설득을 하는 일도 아니다. 상대방을 내 편으로 만드는 일이다. 그러기 위해서는 목적을 가지고 만나면 안 된다.

컴퓨터 프로그램은 숫자 1과 0의 조합으로 이루어진다. 사람과의 관계 또한 숫자 1과 0의 조합으로 이루어진다. 상대방을 1, 나를 0이라고 하자. 누가 우선이냐에 따라 결과가 달라진다. 상대방이 먼저고 내가 나중이면 10, 100, 1000, …… 결과가 어마어마하게 커진다.

그러나 내가 먼저고 상대방이 나중이면 0.1, 0.01, 0.001, …… 결과가 엄청나게 작아진다. 대인 비즈니스에서 상대방을 먼저 생각하고 상대방 중심으로 접근해야 하는 이유가 바로 여기에 있다.

대인 비즈니스의 정석 : 기적이 일어날 확률

내 중심	0.1, 0.01, 0.001, …… 0.0000001
상대방 중심	1.0, 10.0, 100.0, …… 1000000.0

사람을 만날 때 내 중심이면 안 된다. 목적을 앞세우고 사람을 만나는 것이 내 중심적으로 만나는 것이다.

자기 중심으로 사람을 만나는 것은 시속 100km로 전력질주하는 속도 중심으로 활동하는 것이다. 당장 사람을 설득해서 데려와야 한다는 것이다. 그러다 보니 양질의 자원을 도입해야 한다는 리크루팅의 방향을 잃어버리는 것이다.

속도를 시속 20Km로 늦춰보라. 주변 경치도 구경하면서 천천히 달려보라. 마음의 여유가 생기고 드라이브가 즐거워진다. 방향만 잃지 않으면 목적지에 반드시 도착하게 되어 있다. 그것이 상대방 중심으로 접근하는 방법이다.

오늘이 급해서 당장 설득하려 덤비지 말고 내일을 보면서 오늘은 사람을 내 편으로 만드는데 집중하라. 그러면 사람 만나는 것이 즐거워진다.

영업은 사람을 상대로 하는 비즈니스다. 고객이 가지고 있는 니즈(needs)를 찾아 그 문제를 해결해 주는, 상품을 설계해 주는 것이 우리가 하는 일이다.

리크루팅은 사람을 상대로 하는 비즈니스다. 인생의 전환점이 필요한 사람에게 우리의 일을 소개하고, 그로 하여금 새로운 출발을 하도록 안내해 주는 것이 리크루팅이다. 즉, 영업과 리크루팅의 공통점은 사람을 상대로 하는 대인 비즈니스라는 것이요, 그들에게 삶의 해결책(soultion)을 제시해 주는 일이라는 것이다.

영업을 잘하려면 어떻게 해야 할까? 상품을 팔기에 앞서 사람을 먼저 내 편으로 만들어야 한다. 리크루팅을 잘하려면 어떻게 해야 할까? 설득하기에 앞서 사람을 먼저 내 편으로 만들어야 한다.

나는 지금 설득하기 위해 사람을 만나는가, 아니면 사람을 내 편으로 만들기 위해 만나는가?

접근 방법을 바꿔라

우리나라에서 제일 유명한 패션 디자이너는 누구인가? 패션 디자이너 하면 제일 먼저 떠오르는 사람은? 모두들 앙드레 김을 꼽는다.

그러나 앙드레 김보다 더 유명한 패션가의 전설로 불리는 사람이 있다. 노라 노(본명 노명자)라는 사람이다. 80이 넘은 나이임에도 아직도 현역으로 활동하고 있다.

노라 노는 우리나라 최초의 패션 디자이너다. 우리나라 최초로 해외에서 패션을 공부하고 온 유학파 1호 패션 디자이너다. 우리나라에서 최초로 패션쇼를 연 사람이다.

패션가의 전설로 불리는 그가 옷을 입는 방법에 대해 다음과 같이 말했다.

"사람이 옷을 새로 입었을 때 사람들은 옷을 잘 안 봐요. 만약에 사람들이 그 사람을 볼 때 옷을 먼저 본다면 그 사람은 옷을 잘못 입은 거예요. 사람이 돋보이기 위해서 옷을 입는 것이지, 옷이 돋보이게 하기 위해서 입는 것이 아니잖아요."

상대방을 볼 때 옷에 먼저 시선이 꽂히느냐, 아니면 그 사람의 얼굴에 먼저 시선이 가느냐에 따라 그 사람이 옷을 잘 입었느냐, 잘못 입었느냐가 결정된다는 말이다.

리크루팅 활동도 똑같다. 오늘 리크루팅 대상자를 만나는 목적이 무엇인가? 설득인가? 옷을 잘못 입었다. 리크루팅 방향을 잘못 잡았다. 사람을 내 편으로 만들기 위함인가? 옷을 잘 입었다. 리크루팅 활동 방향을 제대로 잘 잡았다.

리크루팅은 나를 먼저 생각하면 반드시 실패한다. 상대방을 먼저 생각하고 접근해야 성공한다.

리크루팅의 정석 : 누구 중심으로 접근하는가?

내 중심	상대방 중심
속도	방향
오늘	내일
설득	친분 쌓기

부산에서 활동하고 있는 한 매니저를 만났다. 대형 조직을 이끌고 있는 리크루팅 명장이다. 리크루팅 노하우를 물었더니 그가 이렇게 말했다.

"제가 초기에 겪었던 시행착오가 뭔지 아세요? 너무 서둘렀다는 것이에요. 사람을 만날 때 설득하려고 덤볐어요. 당장 데려오는 것이 급했죠. 아마 대부분 사람들이 저와 비슷할 거예요. 그러나 지금은 설득하기 위해 사람을 만나지 않아요. 친분관계 쌓는데 주력해요. 왜냐고요? 우리의 일은 사람을 상대로 하는 대인 비즈니스니까요. 지금은 한 가지만 생각해요. '언젠가는 당신을 내 편으로 만들겠다.' 그러니까 마음에 여유가 생기더라고요."

리크루팅에서 중요한 것은 속도가 아니라 방향이다. 속도는 느려도 괜찮다. 그러나 방향을 잃으면 안 된다. 리크루팅 활동 방법을 바꾸자.

사람을 만나는 방법을 바꾸자.

"Today for Tomorrow(내일을 보며 오늘을 살라)."

오늘 활동은 내일을 위한 것이다. 무슨 말인가? 오늘 리크루팅 대상자를 만나는 것은 내일 반드시 우리 식구로 만들기 위함이다. 내일 우리 식구로 만들기 위해 오늘은 친분 쌓기에 활동력을 집중하는 것이다. 이것이 올바른 방향의 리크루팅 접근 방법이요, 이것이 양질의 신인을 도입하는 리크루팅 활동의 정석이다.

인통

4. 리크루팅 성공의 기본 원칙은?

3개월 마인드

리크루팅 Approach

신(辛)의 상태냐, 행(幸)의 상태냐?

여기 한자 두 글자가 있다. 辛(신)과 幸(행). 먼저 辛(신)자를 보라. 어디서 많이 본 글자다. 어디서 보았는가? 그렇다. 라면 봉지에서 봤다. 매운맛의 라면에서 봤던 글자다.

辛(신)이라는 글자는 괴로울 때 쓴다. 리크루팅을 못했는가? 괴롭다. 초조하다. 신(辛)의 상태다.

반면에 幸(행)이라는 글자를 보라. 다행, 요행, 행복 등을 표현할 때 쓰는 글자다. 리크루팅을 해냈는가? 신난다. 행복하다. 행(幸)의 상태다.

辛(신)자와 幸(행)자를 가만히 보라. 무엇이 다른가? 거의 똑같다. 그런데 하나가 다르다. 획이 하나 있느냐, 없느냐에 따라 전혀 다른 뜻이 된다. 신(辛)자에 하나를 더하면 행(幸)이 된다. 무슨 말인가? 괴로움을 즐거움으로 바꾸고자 한다면 하나를 더해야 한다는 것이다.

리크루팅에서 신(辛)의 상태에서 행(幸)의 상태로 바뀌게 하려면 어떻게 해야 할까? 마음 하나를 더해야 한다. 무슨 마음? 3개월 마인드, 즉 3개월 앞을 보고 사람을 관리하는 마음이다.

사람을 대할 때는 적어도 3개월 앞을 보고 접근해야 한다. 오늘 당장을 보고 접근하면 신(辛)의 상태에 빠지게 된다. 거절을 당하게 된다. 그러니 리크루팅이 힘들고 어려워진다.

그러나 3개월 앞을 보고 접근하면 행(幸)의 상태로 바뀌게 된다. 사람 만나는 것이 부담이 없고 거절당하는 것이 두렵지 않다.

심마니가 '심봤다!'를 외치는 순간을 떠올려 보라. 고통이 행복으로 바뀌는 순간이다. 辛(신)자가 幸(행)자로 바뀌는 순간이다. 리크루팅은 이런 순간을 만들기 위해서 적어도 3개월 앞을 보고 접근하는 것이다. 이것이 리크루팅 활동의 기본 원칙이다.

리크루팅 Thinking

내일을 보며 활동하는 방법은?

우리 속담에 '아무리 바빠도 바늘허리 매어 쓰지는 못한다'고 한다. 리크루팅이 아무리 급하다 하더라도 무작정 덤비면 안 된다는 말일 것이다. 리크루팅에는 급한 것과 중요한 것이 있다. 급한 것은 무엇이고, 중요한 것은 무엇인가?

급한 일

중요한 일

오늘 해야 하는 일은?

사람관리는 3개월 앞을 보고 해야 한다고 한다. 즉, 3개월 앞을 보고 인맥관리에 충실해야 한다는 것이다. 3개월 앞을 위해서 오늘 인맥관리는 어디에 중점을 두어야 하고, 무엇을 해야 하는가?

리크루팅 Insight

3개월 마인드가 있는가?

리크루팅을 100% 성공하게 하는 요소는 무엇일까? 나는 감히 말한다. 태도(Attitude)라고…….

리크루팅의 성공 여부는 리크루팅에 임하는 태도에서 나온다. 영어 알파벳의 A에서 Z까지 순서대로 1부터 26까지 숫자를 부여해 보라. 그러면 단어에 붙여진 숫자의 합이 100이 되는 단어가 있다. 어떤 단어일까? Attitude(태도)라는 단어다.

리크루팅을 어떤 태도로 접근해야 100% 성공할까? 긍정적인 태도? 적극적인 태도? 아니다. 3개월 앞을 보고 접근하는 태도이다. 사람을 얻기 위해 3개월의 수고와 노력을 아끼지 않는 태도이다.

또 있다. 알파벳 숫자의 합이 100이 되는 단어가 하나 더 있다. Stress(스트레스)라는 단어다. 이 단어 안에는 고난과 고통이라는 의미가 들어 있다. 또한 치열함과 집요함의 의미도 들어 있다.

리크루팅의 결과물을 내기 위해서는 고난과 고통이 따르기 마련이고, 이것을 이겨내기 위해서는 치열함과 집요함이 있어야 한다는 것이다.

리크루팅 성공 기본 원칙 : 3개월 마인드

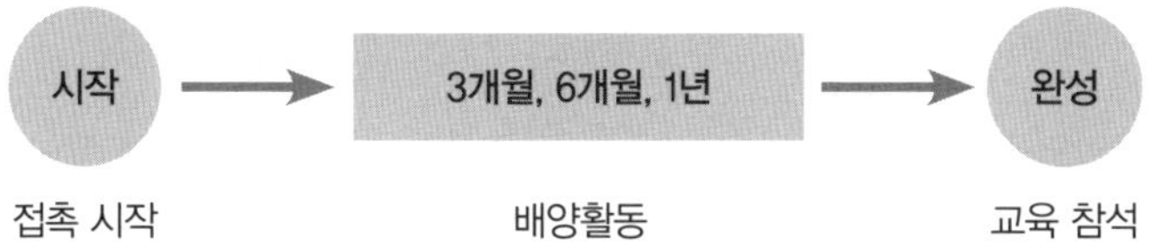

리크루팅을 성공적으로 수행하기 위해서 3개월 앞을 내다보는 태도와 치열함과 집요함으로 스트레스를 극복해야 한다는 단적인 예를 미당 서정주 시인의 〈국화 옆에서〉라는 시에서 찾아볼 수 있다.

'한 송이의 국화꽃을 피우기 위해 봄부터 소쩍새는 그렇게 울었나 보다. 한 송이의 국화꽃을 피우기 위해 천둥은 먹구름 속에서 또 그렇게 울었나 보다.'

이것을 리크루팅에 접목시켜 보면 이렇게 된다.

'한 명의 우량 신인을 얻기 위해 나는 3개월 전부터 그렇게 찾아 헤매었나 보다. 한 명의 우량 자원을 도입하기 위해 거절 속에서도 또 그렇게 가슴앓이를 해야 했었나 보다.'

우량 자원 한 명을 얻기 위해 적어도 3개월의 수고와 노력이 필요하고, 그 우량 자원을 도입하기 위해 거절이라는 스트레스를 치열함과 집요함으로 꿋꿋하게 이겨내야 한다는 것을 이 짧은 시구에서 엿

볼 수 있다.

적어도 3개월 앞을 보라

한 매니저가 팀원 한 명을 소개해 준다. 입사한 지 1년이 조금 지났는데 지금은 영업활동이 탁월한 대형 사원이다. 다음은 이 매니저가 말해준 그녀를 리크루팅하게 되었던 비하인드 스토리이다.

2년 전의 일이다. 주변 사람으로부터 그녀에 대한 정보를 처음 소개받았다. 남편이 중소기업 사장이었다. 소개받자마자 그날 저녁 무작정 그녀를 찾아갔다.

그러나 보기 좋게 거절을 당했다. 그녀가 펄쩍펄쩍 뛰면서 영업은 못한다고 했던 것이다. 힘들게 활동하지 않아도 먹고 사는데 지장이 없다고 했다.

그러던 그녀를 6개월 동안 쫓아다녔다. 1주일에 한 번씩 정기적으로 찾아갔다. 만나면 별 이야기도 하지 않았다. 그냥 눈도장만 찍고 왔다고 했다.

그렇게 3개월을 찾아갔더니 완강했던 그녀의 마음이 조금씩 열리기 시작했고, 6개월이 되었을 때 그녀가 활동하겠다고 했다 한다.

리크루팅 성공 기본 원칙 : Today for Tomorrow

오늘	내일
친숙활동 과정관리 사람관리	리크루팅 성공 신인교육 참석 대형 조직

"리크루팅에서 성공하려면 조심해야 할 것이 있습니다. 아니, 하지 말아야 할 행동이 있습니다. 선입관과 편견을 가지고 사람을 골라내지 말라는 것입니다."

리크루팅의 성공 원칙인 3개월 마인드를 강조하면서 한 말이다. 그러면서 그는 또 다음과 같은 이야기를 들려줬다. 리크루팅은 선입관과 편견이 있어서는 안 된다고 하면서 한 말이다.

어릴 적 따스한 봄볕이 내리쬐던 어느 날, 어머니가 햇볕이 잘 드는 툇마루에서 콩자루를 쏟아놓고 콩을 고르고 있었다. 한쪽 바구니에는 성한 콩을 골라 넣고, 다른 쪽 바구니에는 벌레 먹고 못된 콩을 골라 넣는다. 성한 콩은 이쪽 바구니에, 못된 콩은 저쪽 바구니에…….

콩을 다 고른 후에 성한 콩들은 다시 자루에 넣어 다소곳이 보관하고, 벌레 먹고 못된 콩들은 "훼이~" 하고 뒤뜰에다 내다 버렸다. 새들이 와서 쪼아 먹으라고…….

그리고 일주일 정도 지났을까. 비가 갠 어느 날 뒤뜰에 나가보니 장관이 펼쳐지고 있었다. 새들이나 쪼아 먹으라고 버렸던 그 못난 콩들이 일제히 싹을 틔워 올리고 있었다. 다 살아 있었던 것이다.

여기에서 한 가지를 배웠다. 사람을 대할 때는 선입관을 가지고 대해서는 안 된다는 것을……. 이 사람은 이래서 안 되고, 저 사람은 저래서 안 되고 하면서 골라내서는 안 된다는 것을…….

우리 속담에 '어느 구름에서 비올지 모른다'고 했다. 어느 누가 대형 사원이 될지 모른다는 것이다. 지금은 불가능해 보이는 사람이 오히려 더 좋은 대형 사원이 될 수 있는 재목일지 모른다.

리크루팅에 성공하려면 명확히 해야 할 것이 하나 있다. 오늘을 보지 말고 내일을 보라는 것이다. 오늘 활동은 내일을 위한 활동이 되어야 한다. 즉, 리크루팅의 결과물은 적어도 3개월의 배양활동을 필요로 한다. 그러나 대부분의 사람들은 내일을 생각하지 못한다. 그저 오늘에만 매달려 있는 모습을 보게 된다.

리크루팅이 괴로운 신(辛)이 되느냐, 행복한 행(幸)이 되느냐는 3개월 마인드가 있느냐 없느냐에 달려 있다.

가슴에 손을 얹고 나의 리크루팅 활동 방법을 되돌아보라. 3개월 전부터 대상자를 찾는데 집중했느냐? 그리고 그 대상자들을 중심으로 지난 3개월 동안 친분 쌓기에 활동력을 집중했느냐? "예"라고 대답했다면 당신은 행복한 사람이다. 축하한다. 영업도 잘하고, 리크루팅도 잘하는 사람일 것이기 때문이다.

그런데 "아니요"라고 대답했다면 당신은 큰일이다. 이번 달 리크루팅이 위기다. 이번 달 리크루팅이 '꽝'이 될 확률이 99%이기 때문이다.

3개월 마인드가 없는 사람, 영업을 못한다.

3개월 마인드가 없는 사람, 리크루팅을 못한다.

잊지 말자. 이번 달에 리크루팅을 못한 이유는 3개월 전에 대상자를 찾지 않았고, 치열함과 집요함으로 배양활동을 하지 않았기 때문이다. 다시 말하면 이번 달에 대상자를 찾지 않고 배양활동을 하지 않으면 3개월 후에 또 리크루팅은 '꽝'이 되고 말 것이다.

인통

5. 리크루팅의 80%는 어디에서 나오나?

대상자 카드

리크루팅 Approach

일벌이냐, 여왕벌이냐?

여기 일벌과 여왕벌이 있다. 그런데 그거 아는가? 일벌과 여왕벌은 염색체가 똑같다. 무슨 말인가? 태어나면서부터 일벌, 여왕벌로 구분되어 태어난 것이 아니라는 것이다. 태어날 때는 둘 다 똑같은 벌로 태어났는데 성장하면서 어느 것은 죽어라 일만하는 일벌이 되었고, 어느 것은 우아한 여왕벌이 되었다는 것이다.

여기서 우리가 다 알고 있는 상식 하나 더. 여왕벌은 무엇을 먹고 자라는가? 로열젤리다. 로열젤리를 먹고 자란 벌은 여왕벌이 되었고, 로열젤리를 먹지 못하고 자란 벌은 일벌로 전락하고 말았다.

프로 매니저와 아마추어 매니저가 있다. 그런데 그거 아는가? 프로 매니저와 아마추어 매니저는 염색체가 똑같다. 무슨 말인가? 처음 시작은 둘 다 똑같은 상황에서 시작했다는 것이다.

그런데 누구는 프로 매니저가 되었고, 누구는 아마추어 매니저가 되었다. 그 차이점은 무엇인가? 리크루팅을 했느냐, 못했느냐의 차이점이다. 리크루팅을 해낸 매니저는 프로가 되었고, 리크루팅을 하지 못한 매니저는 아마추어 수준에서 벗어나지 못했다.

여기서 한 가지 질문을 하겠다. 똑같은 벌이 누구는 여왕벌이 되고, 누구는 일벌로 운명이 갈라진 것은 로열젤리 때문이었다. 그러면 똑같은 매니저로 시작해서 누구는 프로 매니저가 되고, 누구는 아마추어 매니저로 전락한 것은 무엇 때문일까? 매니저의 운명을 바꾸어 놓은 리크루팅의 로열젤리는 무엇일까? 정답은 리크루팅 대상자 카드.

리크루팅 Thinking

리크루팅의 80%는 어디에서 나오는가?

사람마다 생각이 다르고 성격이 다르고 행동이 다르다. 그러다 보니 리크루팅에 접근하는 방법도 다르다. 당신의 리크루팅 핵심은 무엇인가? 아니, 당신의 리크루팅의 80%는 어디에서 나오고 있는가?

리크루팅 자원은 어디에서 나오나?

당신의 핸드폰에는 주변 사람들의 전화번호를 저장해 놓은 전화번호부가 있다. 그 전화번호부에 얼마나 많은 사람들이 있는가? 다음과 같이 분류해 보라.

제1관계 **고객** 명	제2관계 **친인척** 명
제3관계 **학연, 지연** 명	제4관계 **동호회, 취미** 명

리크
루팅 Insight

리크루팅의 80%는 대상자 카드에서 나온다

우리 생활을 180도 바꾸어 놓은 혁명이 있었다. IT혁명, 즉 인터넷 혁명이다.

지금은 인터넷이 없으면 못 사는 세상이다. 그러다 보니 각 회사의 리크루팅 관리 시스템이 인터넷으로 전환된 지 오래다. 리크루팅 자원을 관리하는 데 있어 인터넷을 활용하고 있는 것이다. 즉, 지금은 리크루팅 과정을 관리하는 데 있어 리크루팅 대상자를 인터넷으로 연결된 리크루팅 프로그램에 입력하여 관리하고 있다.

그런데 이 방법에 한 가지 문제가 있다. 리크루팅 대상자를 인터넷 프로그램에 입력은 할 수 있는데, 입력한 자료를 출력은 할 수 없게 되어 있다는 것이다. 왜냐? 개인 정보 보안 문제 때문이다.

아날로그와 스마트의 융합

아날로그 방법	+	스마트 방법
대상자 관리 파일		대상자 인터넷 입력

서울에서 활동하고 있는 한 매니저를 만났다. 그의 책상에는 서류를 보관할 때 쓰는 파일 10여 권이 책꽂이에 가지런히 정리되어 있었다. 무엇이냐고 물었더니, 리크루팅 대상자 카드를 정리해 놓은 파일이라는 것이다.

그는 회사 전산 시스템에 리크루팅 대상자를 입력하기 전에 리크루팅 대상자 카드 양식에 리크루팅 대상자 정보를 먼저 손으로 적어 놓은 다음에 전산에 입력한다고 했다. 전산에 입력하면 조회는 가능한데 출력은 할 수 없기 때문이라고 했다.

그럼 무슨 차이가 있느냐고 물었다. 그랬더니 그의 대답이 이랬다.

"Out of sight, out of mind라고 하잖아요. '눈에서 멀어지면 마음도 같이 멀어진다'는 말이에요. 수시로 컴퓨터에 들어가 리크루팅 대상자를 봐야 하는데, 현실적으로 그렇게 되지 않더라고요. 입력해 놓고 방치되고 있으니 효율이 그만큼 떨어지죠. 그래서 저는 전산에 입력한 리크루팅 대상자들을 아날로그 방법인 리크루팅 대상자 카드를 만들어 이렇게 파일에 보관해 놓고 매일 한 번씩 보면서 관리하고 있는 거죠."

그는 리크루팅 대상자 카드를 모아놓은 파일을 매일 한 번씩 보면서 월별로 관리할 사람들을 종이에 리스트업(List-up)하면서 관리하고 있다고 했다.

미당 서정주 시인의 〈자화상〉이라는 시가 있다. 그 시를 보면 '스물세 해 동안 나를 키운 건 팔할(八割)이 바람이다'라는 시구가 나온다. 서정주 시인은 자기를 스물세 살까지 키워준 8할, 즉 80%가 바람이었다고 했다.

이 시구를 보면서 나는 혼자 생각해 본다. 리크루팅의 80%는 어디에서 나오는 걸까? 그 대답은 이렇다. 리크루팅 성공의 80%는 리크루팅 대상자 카드에서 나온다. 리크루팅 대상자 카드를 얼마나 많이 보유하고 있는가에 따라 리크루팅의 결과가 결정된다.

하지만 매니저들을 보면 리크루팅 대상자 카드 관리에 문제가 많다. 리크루팅 대상자 카드도 없을 뿐만 아니라 대상자 카드 관리도 체계적이지 못하다.

지금은 융합의 시대다. 문학과 과학을 결합한 학문의 융합, 옛날 것과 새로운 것을 결합한 시대의 융합, 아날로그의 불편함과 스마트의 편리함을 결합한 방법의 융합 등을 우리 주변에서 자주 접하게 된다.

리크루팅 활동도 융합으로 풀어가라. 아날로그 방법과 스마트 방법을 융합하라. 인터넷에 리크루팅 대상자를 입력하는 것이 스마트 방법이라고 한다면, 그 입력한 대상자를 서류 파일에 보관하여 활용하는 것이 아날로그 방법이다.

리크루팅 대상자를 전산에 입력하는 것으로 그치면 안 된다. 중요한 것은 입력한 대상자를 어떻게 활용하느냐 하는 것이다. 먼저 전산에 대상자를 입력하고 그 입력한 대상자를 카드로 만들어 파일에 보관하라. 이것이 리크루팅 방법의 융합이다.

대상자 카드 1일 1매 만들기, 숙제하듯이 하라

"야, 너는 대단해. 남들은 평생 책 한 권 쓰기도 힘든데, 너는 어떻게 1년에 책을 한 권씩 쓰냐?"

언젠가 친구가 나에게 엄지손가락을 치켜들면서 한 말이다. 필자는 1년에 한 권씩 책 쓰기에 도전하다 보니 지금까지 열한 권의 책을 쓰게 되었고, 요즘은 열두 번째의 책을 쓰는데 몰두하고 있다. 나의 이 얘기를 듣자 그 친구가 이렇게 반응했던 것이다.

내 책상에는 내가 가장 아끼는 보물이 하나 있다. 나로 하여금 1년에 책을 한 권씩 쓰도록 하는 원동력의 80%를 공급해 주는 보물 1호가 있다. '아이디어 365 다이어리'라고 이름붙인 노트이다.

나는 날마다 아이디어 일기를 쓴다. '아이디어 365 다이어리'에 날마다 아이디어 하나씩을 찾아 적는 것이 내 숙제다.

아이디어를 하루에 하나씩만 찾으면 1개월이면 30개, 6개월이면 180개, 1년이면 360개가 된다. 매일 하나씩 숙제하듯이 아이디어를 찾았더니 1년에 책을 한 권씩 쓸 수 있게 되었다. 하루 하나는 아무것도 아니지만 이것이 모이고 모이다 보니 1년에 책을 한 권씩 쓸 수 있게 되는 기적을 만든 것이다.

이 방법은 내가 리크루팅 활동을 할 때부터 몸에 익혔던 습관이다. 리크루팅 대상자를 하루 1명씩만 찾자. 리크루팅 대상자 카드를 하루 1매씩만 만들자. 이렇게 매일 숙제하듯이 대상자 카드를 만들었던 것이 리크루팅을 성공적으로 할 수 있었다.

리크루팅 기적(Miracle) 만들기

아이디어 찾기	리크루팅 카드 만들기
1일 1개	1일 1매

교육장에서 한 매니저를 만났다. 그 매니저는 교육을 받는 동안 안색이 어두웠다. 어딘가 불편해 보였다. 쉬는 시간에 그녀에게 다가가 "어디 불편하냐?"고 물었다.

그러자 그녀가 대답하기를 "리크루팅을 못해 이 일을 계속해야 하는지, 아니면 그만두어야 하는지 고민에 빠져 있다"고 했다. 그래서 그녀에게 한 가지 제안을 했다. 리크루팅의 기적을 만들기를 원한다면 하루에 하나만 하라고…….

"매일 리크루팅 대상자 카드를 1매씩 만들어라. 이것을 숙제하듯이 하라. 그러면 리크루팅에 기적이 일어날 것이다."

이것이 내가 그녀에게 제안한 내용이었다. 이 방법은 내가 리크루팅 활동을 하면서 대박을 터뜨렸던 방법이다.

몇 년이 지나 그 매니저를 다시 만났다. 지금은 대형 조직을 만들어 매년 조직부문 대상을 받고 있었다. 그녀가 신임 매니저들에게 웃으며 하는 말이 이랬다.

"몇 년 전 제가 리크루팅을 못해 고민하고 있을 때 한 분으로부터 배운 거예요. 리크루팅 대상자를 하루에 한 명씩만 찾으세요. 그리고 매일 리크루팅 대상자 카드를 1매씩만 만드세요. 이것이 제가 지금의 조직을 만들 수 있었던 비결입니다."

그녀가 나를 쳐다보면서 어깨를 들썩이며 활짝 웃었다.

리크루팅을 하고자 한다면 리크루팅 자원 찾는 일을 먼저 해야 한다. 그것이 리크루팅 대상자 카드를 만드는 일이다.

잔소리 한 번 더 하자. 리크루팅 대상자와 리크루팅 후보자를 혼동하지 마라. 아직도 리크루팅 대상자와 후보자를 하나로 보는 사람이 있다.

리크루팅 자원 찾는 일은 필수적으로 해야 한다. 리크루팅 대상자 카드 만드는 일은 숙제하듯이 해야 한다. 숙제란 해도 되고 안 해도 그만인 것이 아니다. 숙제란 의무적으로 해야 한다. 어떤 상황이라 하더라도 반드시 해야 하는 것이 숙제다.

리크루팅 대상자 카드 만들기 1일 1매, 이것만 숙제하듯이 하라. 그러면 리크루팅에 기적이 일어난다.

인통

6. 리크루팅에서 반드시 거쳐야 하는 과정은?

숙성과정

리크루팅 Approach

완전 판매와 불완전 판매

완전 판매와 불완전 판매의 가장 근본적인 차이점은? 숙성과정이 있느냐, 없느냐의 차이다.

불완전 판매에는 숙성기간이 없다. 패스트푸드를 먹는 것과 같다. 패스트푸드가 무엇인가? 햄버거, 피자, 프라이드 치킨 등과 같이 빠르고 바쁜 생활습관에 맞춘 음식이다. 이 음식을 정크푸드(Junk food : 칼로리는 높으나 건강에는 좋지 않은 인스턴트식품)라고도 한다. 영양도 없으면서 몸에 해로움을 주는 음식이다.

반면에 완전 판매에는 숙성기간이 있다. 대상자를 찾아 친분관계를 쌓고 상대방의 니즈에 맞춰 해법을 제시하는 컨설팅 과정을 통해서 판매가 이루어진다. 이는 슬로푸드(Slow food)를 먹는 것과 같다.

와인, 김치, 치즈, 된장 등의 공통점은? 슬로푸드다. 오랜 기간 숙성과정을 거쳐 발효가 된 식품들이다. 맛과 영양뿐만 아니라 건강에도 좋은 음식이다.

불완전 리크루팅을 하는 매니저가 있다. 패스트푸드 방법으로 리크루팅에 임하는 사람이다. 당장 한 명이 급해서 어느 날 갑자기 찾아가 설득하는 방법으로 리크루팅에 임하는 사람이다. 이런 매니저에게는 부실 자원만 도입되고, 이는 조기 탈락으로 연결되는 악순환만 되풀이된다.

이제 결정해야 한다. 패스트푸드를 먹을 것인가, 아니면 슬로푸드를 먹을 것인가? 불완전 리크루팅 방법을 선택할 것인가, 완전 리크루팅 방법을 선택할 것인가?

리크루팅 Thinking

숙성과정을 거치는 것들은 어떤 것들이 있는가?

숙성과정을 거치면 발효가 일어난다. 숙성과정을 거쳐 몸에 유익한 발효가 일어난 것들에는 어떤 것들이 있는가? 리크루팅에서 숙성과정은 왜 필요할까?

배양 리크루팅을 실천하는 구체적인 활동 방법은?

하루 일과 중 나의 리크루팅 활동은 어떻게 되어 있는가? 배양 리크루팅을 하려면 하루 활동이 계획(Plan), 실행(Do), 검토(See)로 되어야 한다. 그러면 나의 리크루팅 활동에서 계획과 실행과 검토는 어떤 것들일까?

계획(Plan)

실행(Do)

검토(See)

리크루팅 Insight

배양활동이 없는 리크루팅은 가짜다

'하루가 행복하려면 이발을 하고, 일 주일이 행복하려면 결혼을 하라. 한 달이 행복하려면 차를 사고, 일 년이 행복하려면 집을 사라. 그러나 평생 행복하려면 정직하라.'

영국 속담이다.

이것을 리크루팅에 적용해 보면 어떻게 될까?

'한 번 리크루팅하려면 마구잡이로 하고, 두 번 리크루팅하려면 연고자를 찾아라. 그러나 매월 리크루팅하려면 배양활동을 하라.'

"장사 하루 이틀 할 것도 아닌데, 아무거나 쓸 수 있나요?"

한때 유행했던 식용유 광고 카피다. 하루 이틀 장사하고 말 것이라면 아무 식용유를 써도 상관없지만, 평생 장사하려면 고집스럽게 한 식용유만 사용하라는 것이다.

리크루팅을 한 번 하고 말 것이라고 한다면 아무렇게나 접근해도 상관없다. 지금처럼 마구잡이로 접근하거나 연고자를 찾아도 아무 상관없다.

그러나 리크루팅을 매월 꾸준히 해야 한다면 지금처럼 접근하면 안 된다. 보다 체계적인 활동이 필요하다.

배양 리크루팅의 기본 패턴

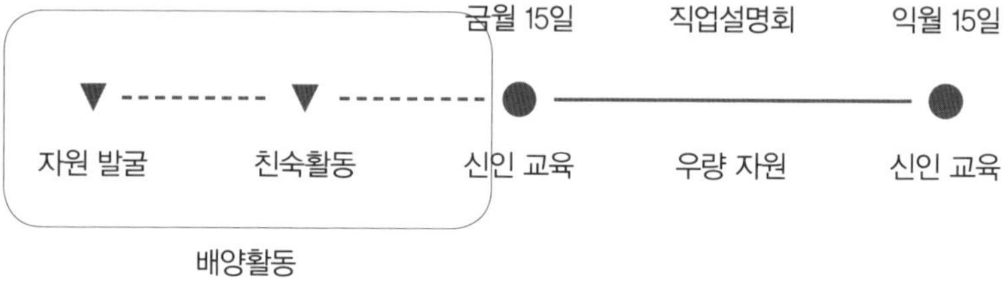

우리의 일에서 매월 반드시 해결해야 하는 과제가 하나 있다. 그것은 매월 정해진 날짜에 시작되는 신인 교육에 신인을 한 명이라도 참석시켜야 한다는 것이다.

그런데 이 신인 교육을 가만히 들여다보라. 무엇이 보이는가? 신인 교육이 매월 정기적으로 돌아온다는 것이다. 한 번으로 끝나는 것이 아니라는 것이다. 즉, 이번 달 15일에 신인 교육이 시작되었다면 다음 달 15일에 다시 신인 교육이 시작된다. 이렇게 매월 정기적으로 돌아오는 신인 교육에 어떻게 매월 신인을 참석하게 할 것인가?

그러기 위해서는 리크루팅 자원을 체계적으로 관리해야 한다. 1차적으로 대상자 카드를 만들어 리크루팅 자원 풀(pool)을 만들고, 그 다음 과정인 친숙과정을 통해 일정기간 숙성시켜야 한다. 이것을 배양

활동이라 한다.

이 숙성기간, 즉 배양기간이 짧은 사람은 3개월, 좀 더 긴 사람은 1년, 아니 아주 긴 사람은 5~10년을 필요로 하는 사람도 있다. 그래도 참고 배양해야 한다. 포기하면 안 된다. 왜냐하면 숙성기간이 긴 제품일수록 명품이 될 가능성이 크듯이 숙성기간이 긴 사람일수록 대형 사원일 가능성이 크기 때문이다.

와인을 보라. 와인은 원액을 어떻게 숙성하느냐에 따라 일반 와인과 명품 와인으로 구분된다. 명품 와인은 숙성고에서 적어도 5년을 기다려야 한다.

대박 식당들을 보라. TV에 소개된 한 대박 냉면집의 비법은 냉면 육수를 냉장고에 3일간 숙성시키는데 있었다. 육수를 만들어 냉장고에 3일간 넣어두고 숙성시켰더니 시원하고 깔끔한 맛의 육수가 되어 냉면을 먹는 사람들로 하여금 엄지손가락을 치켜들게 하였다.

한 허브 삼겹살집은 삼겹살을 허브와 함께 잰 후 냉장고에 하루 숙성시켰다가 다음 날 손님들에게 내놓는다. 그 식당은 손님들이 줄을 서서 기다리는 대박 식당이 되었다.

리크루팅의 궁극적인 목적은 우량 자원을 도입하는 것이다. 아무나 무조건적으로 도입하는 것이 아니라 긍정적이고 적극적이고 도전적인 사람을 찾는 것이 우리의 리크루팅 방향이다. 여기서 잊지 말아야 하는 사실, 우량 자원은 어느 날 갑자기 하늘에서 뚝 떨어지지 않는다는 것…….

숙성과정이 없는 리크루팅은 가짜다. 좋은 자원이 들어오지 않기 때문이다. 우량 자원일수록 오랜 숙성기간을 필요로 한다는 사실을 잊지 말자.

금요일은 리크루팅 카드 재분류의 날이다

리크루팅 카드로 숙성활동, 즉 배양활동을 하면서 대형 조직을 만든 한 매니저의 사례다. 그녀의 리크루팅 카드 파일을 보았더니 손때가 시커멓게 묻어 있다.

"지금까지 제 경험에 의하면 리크루팅은 이 리크루팅 대상자 카드가 손때로 해어지게 될 때 그때야 비로소 가능한 것 같아요."

리크루팅 배양활동 3단계

그녀의 리크루팅 카드를 모아놓은 파일에는 A, B, C라는 스티커가 붙어 있다. 리크루팅 대상자를 그룹별로 구분해 놓은 것이다. A그룹은 면담이나 상담이 가능한 리크루팅 후보자, B그룹은 활동 가능성이 보이는 리크루팅 가능자, C그룹은 이도저도 아닌 리크루팅 대상자이다.

그녀는 매주 월요일 아침 출근하면 제일 먼저 하는 일이 있다. 출근하자마자 빈 종이 한 장을 꺼낸다. 그리고 리크루팅 대상자 카드를 모아놓은 파일을 꺼내 리크루팅 대상자 카드를 한 장 한 장 넘기면서 이번 주에 접촉할 사람들의 이름을 종이에 적어 내려간다. 한 주간의 시작을 리크루팅 공략 대상자 이름을 적는 것으로부터 시작하는 것이다.

종이 한 장에는 한 주간 동안 리크루팅을 위해서 상담할 사람을 적고, 다른 종이 한 장에는 친분관계를 쌓아가야 할 사람들의 이름을 적는다. 이 사람들을 중심으로 한 주간의 리크루팅 활동을 하는 것이다.

리스트에 있는 사람들을 중심으로 아침마다 안부 전화, 약속 전화를 하고, 오후에는 한 명 한 명 찾아다니면서 친분관계를 만들어 가고 있다. 그리고 저녁 퇴근하기 전에는 그날 만났던 사람들의 정보를 리크루팅 카드에 기록한다. 이것이 그녀가 매일 실행하고 있는 계획(Plan), 실행(Do), 검토(See)이다.

그녀의 리크루팅 활동 중 특징적인 것이 하나 더 있다. 매주 금요일을 리크루팅 카드 재분류의 날로 정해놓고 이를 실천하고 있다는 것이다. 매주 금요일 저녁에는 한 주간의 활동을 점검하면서 리크루팅 카드를 다시 분류한다.

즉, A그룹에 있던 사람 중에 리크루딩에 대한 가능성이 없어진 사람을 C그룹 파일로 옮긴다. A그룹에서 C그룹으로 떨어진 것이다. 그리고 B그룹에 있던 사람 중에 상담이나 면담이 가능한 사람은 A그룹으로 옮긴다. 다음 주 활동을 위해서다. 그리고 C그룹에 있던 사람 중에 상담이 가능한 사람은 A그룹으로 옮긴다. C그룹에서 곧바로 A그룹으로 발전하게 된 것이다. 이것이 그녀가 실행하고 있는 주간활동, 즉 계획, 실행, 검토이다.

우량 자원을 리크루팅하려면 오늘 당장을 보고 덤비면 안 된다. '허기진 강아지 물개똥에 덤빈다'고 했다.

우량 자원을 리크루팅하려면 적어도 3개월 앞을 보고 숙성, 즉 배양을 해나가야 한다. 그러기 위해서는 리크루팅 자원을 진도에 따라 A그룹, B그룹, C그룹으로 나누어 관리하고 매일 아침, 또는 매주 월요일 아침 종이에 리스트업하는 수고를 아끼지 말아야 한다.

인통

7. 리크루팅 활동의 본격적인 출발점은?

리스트업

리크루팅 Approach

필사즉생하고, 적자생존하라

“아는 것이 힘이다”(프랜시스 베이컨).

옛날에는 그랬다. 그러나 지금은 아는 것이 힘이 아니다. 아는 것을 행동으로 옮겨야 힘이다. 행동이 없는 지식은 죽은 지식이기 때문이다.

머릿속에만 있는 목표는 목표가 아니다. 바람일 뿐이다. 희망사항일 뿐이다. 실행이 답이다. 머릿속에 있는 것을 끄집어내야 비로소 목표가 생명력을 얻게 된다. 행동이 있는 목표라야 진정한 목표라는 것이다.

리크루팅 방법을 모르는 사람은 없다. 그런데 왜 리크루팅을 못하는가? 머릿속에만 있기 때문이다. 행동이 따라오지 않기 때문이다. 머릿속에 있는 리크루팅은 리크루팅이 아니다. 머릿속에 있는 것을 밖으로 끄집어내야 비로소 리크루팅에 생명력이 생긴다.

머릿속에 있는 것을 어떻게 끄집어낼까? 필사즉생(必死卽生)하라. 죽기를 각오하고 싸워야 살 수 있다는 말이다. 그러나 지금은 그 뜻이 변했다. 필사(筆寫 : 베끼어 씀)하는 사람만이 살아남는다. 즉, 적는 사람만이 살아남는다는 뜻이다.

적자생존(適者生存)하라. 환경에 적응하는 사람만이 살아남을 수 있다는 말이다. 그러나 지금은 이렇게 변했다. 적는 사람만이 살아남을 수 있다고…….

머릿속에 있는 리크루팅을 어떻게 밖으로 끄집어낼 것인가? 그것은 손으로 리스트업(List-up)하는 것이다.

리크루팅 Thinking

리크루팅을 본격적으로 시작하는 단계는?

리크루팅 대상자 카드를 만드는 일은 리크루팅 활동을 위한 준비 작업이다. 운동선수가 우승을 위해서 먼저 해야 하는 것이 몸 만들기, 즉 체력을 강하게 하는 일이다. 리크루팅을 성공적으로 수행하기 위해서 먼저 하는 것이 대상자 카드를 만드는 일이다. 즉, 리크루팅을 위한 몸 만들기 작업이라 할 것이다. 그러면 리크루팅을 본격적으로 시작하는 단계는 언제부터일까?

리크루팅 집중 공략 대상자 관리 방법은?

이번 달 집중 공략 대상자를 어떻게 관리하고 있는가? 이번 주, 오늘 하루 집중 공략 대상자를 찾아내고 관리하는 나만의 방법은 무엇인가?

리크루팅 Insight

하루 일과는 리스트업으로 시작한다

매니저가 된 지 2년 만에 대형 조직을 만든 한 매니저를 점심시간에 만났다. 리크루팅에 대한 성공 비결을 인터뷰하기 위해서였다. 인터뷰에 앞서 점심부터 하기로 했다.

점심식사를 마치고 식당에서 나오는데, 그 매니저가 식당 카운터 앞에 놓여 있는 명함 한 장을 집어 들었다.

"이 명함, 왜 가지고 온 줄 아세요?"

식당 문을 나서면서 그녀가 나에게 한 질문이다. 왜냐고 물었더니 다음과 같은 이야기를 한다.

그녀가 활동을 처음 시작할 때의 신인 시절로 이야기는 거슬러 올라간다. 활동을 처음 시작할 때라 하루하루가 막막하고 불안했었다. 찾아갈 사람이 없었기 때문이다.

그러다 보니 아침저녁으로 생각이 몹시 혼란스러웠다. 아침에는 '할까?', 저녁에는 '말까?'하는 생각으로 심한 갈등을 겪고 있었다. 소위 말하는 '까말까 병'에 걸린 것이다.

그때 옆에서 그녀를 지켜보던 선배가 이렇게 해보라고 하면서 다음과 같은 방법을 가르쳐 주었단다. 오늘의 그녀를 만든 비결이었다고 한다.

"답답할 때마다 종이를 한 장 꺼내라. 그 종이에 가운데 선을 하나 그어라. 그리고 선을 그은 왼쪽에는 내 주변에 있는 사람 5명을, 오른쪽에는 나에게 협조적인 사람 5명을 적어라. 이렇게 한 달만 하면 모든 게 다 잘 풀린다."

이 말을 듣고 그녀는 '그래, 선배의 말이 정말인지 아닌지는 몰라도 밑져봐야 본전 아닌가?'라는 생각으로 선배가 가르쳐준 방법을 한 달만 해보기로 했다.

그녀는 매일 아침 출근하면 종이 한 장을 꺼내놓고 가운데 선을 그은 뒤 양옆으로 5명씩 적기 시작했다. 그렇게 하기를 한 일 주일 정도 지났을 때 이런 생각을 하게 되더란다. '이거 이렇게 아무나 적어서는 안 되겠네……'라는 생각이 들게 되었다.

그래서 그녀는 그날부터 가는 곳마다 명함을 한 장씩 들고 나오게 되었다. 내일 아침 종이에 이름을 적기 위해서……. 식당에서 밥을 먹고 나올 때도, 은행에서 볼일을 보고 나올 때도…….

리크루팅 활동의 본격적인 출발점

그녀는 그날 이후로 어디든 갈 때마다 명함을 가지고 나오는 습관을 가지게 되었는데 이것이 영업도 잘하게 되었고, 지금은 리크루팅을 하는 핵심 방법이 되었다고 한다.

"리크루팅 활동의 본격적인 출발점은 리스트업(List-up)하는 겁니다."

그녀가 결론적으로 한 말이다. 정말 리크루팅을 하고자 한다면 매일 아침 출근하자마자 종이에 리크루팅 대상자를 적는 일부터 시작해야 한다고 하면서…….

리스트업 달인이 돼라

1 : 1.6 : 1.6^2의 법칙을 아는가? 일을 시켜서 하는 경우 능률이 1이라고 한다면, 일을 좋아해서 하는 사람은 시켜서 하는 사람보다 1.6배를, 일을 즐기면서 하는 사람은 1.6^2, 즉 시켜서 하는 사람보다 2.56배를 더 해낸다고 한다. 다시 말하면 수동적인 사람은 잘해야 100%의 성과밖에 못 만들지만, 적극적인 사람은 160%의 성과를 만들어내고, 적

극적이고 자발적인 사람, 즉 자기 일을 즐기는 사람은 256%의 성과를 만들어낸다는 것이다.

세 종류의 매니저가 있다. 첫째는 지지자(知之者)이다. 리크루팅을 머리로 하는 사람이다. 리크루팅 방법은 다 알고 있다. 그러나 결과가 신통치 않다. 수동적이기 때문이다. 대부분의 매니저들이 여기에 속한다.

둘째는 호지자(好之者)이다. 리크루팅을 좋아하는 사람이다. 적극적으로 임하는 사람이다. 수동적인 사람보다 리크루팅 결과가 좋다. 그러나 대형 조직을 만들지는 못한다. 한계가 있기 때문이다.

셋째는 낙지자(樂之者)이다. 리크루팅을 능동적으로 임하는 사람이다. 리크루팅을 즐기는 사람이다. 대형 조직을 만든 프로 매니저들은 대부분 여기에 속한다.

리스트업 방법 3가지

메모지	양식	컴퓨터
포스트잇	리스트업 양식	대상자 폴더

리크루팅을 즐기고 있는 한 매니저를 만났다. 그는 리크루팅 대상자를 리스트업하는 방법을 세 가지로 행하고 있는데, 그중에 두 가지를 다음과 같이 소개했다.

먼저 접착식 메모지, 포스트잇(Post-it)을 활용하는 방법이다. 그의 책상 주변이 떼였다 붙였다 할 수 있는 접착식 메모지, 포스트잇으로

덕지덕지 도배가 되어 있다. 접착식 메모지에 리크루팅 접촉 대상자를 적어 눈길이 제일 먼저 닿는 책상에 붙여 놓은 것이다. 그의 습관 중에 하나가 무엇인가 생각날 때마다 포스트잇에 적어 눈에 잘 보이는 곳에 붙여 놓는 것이라고 했다.

두 번째 방법은 리크루팅 접촉 대상자를 적는 양식을 활용하는 방법이다.

인터뷰 중에 그가 파일에서 한 장의 양식을 꺼내 보여준다. 그가 즐겨 쓰고 있는 리크루팅 양식이라 했다. 30명을 적을 수 있는 양식이었다.

그는 이 리크루팅 양식을 한 달에 20장씩 복사해 놓고 매일 한 장씩 꺼내 이 양식에 30명씩 리스트를 적는다고 했다. 어제 적었던 사람도 적고, 그제 적었던 사람도 적는다.

컴퓨터로 뽑으면 쉽고 편리할 텐데 왜 매일 불편하게 손으로 리스트를 적느냐고 물었다. 그러자 그가 대답하기를 "손으로 이름을 적으면 그 사람이 내 마음속에 들어와요." 무슨 소리냐고 물었다. 매일 이름을 적다 보니 그 사람에 대해 관심을 갖게 되고 또 자연히 그 사람에 대한 생각을 많이 하게 된다고 했다. 그 결과 그 사람에 대한 정보를 집중적으로 파악하게 되고, 이는 곧 만났을 때 그 사람과의 대화가 달랐다고 했다.

"입에 쓴 약이 몸에 좋다고 하잖아요. 손으로 매일 이름을 적는 것, 정말 귀찮죠. 그러나 편한 방법에는 대박이 없어요. 저의 리크루팅 첫 출발은 리스트업에 있습니다."

〈생활의 달인〉이라는 TV 프로그램이 있다. 자기가 하는 일에서 남들보다 월등한 성과를 만들어내고 있는 사람을 소개하는 프로그램이다. 생활의 달인은 능동적인 사람들에게서 나온다. 자기 일을 즐길 줄 아는 사람이 그 분야에서 다른 사람보다 앞서가는 달인이 될 수 있었다.

리크루팅 달인들을 보면 한 가지 공통점이 있다. 리크루팅을 즐긴다. 그 즐기는 방법 중에 하나가 공략 대상자를 매일 리스트업한다는 것이다.

2장
심통

마음이 통했느냐?

心通

8. 대인 비즈니스
어떻게 접근할 것인가?
감성적 접근

9. 첫 번째 만남에서
가장 중요한 포인트는?
이미지 관리

10. 두 번째, 세 번째
만남의 활동 목표는?
눈도장 찍기

11. 마음이 통하는
지름길이 있다면?
상생정신

12. SNS 활용의
근본적인 목적은?
이름 석 자 알리기

13. 사람을 내 편으로 만드는
효율적인 방법은?
애경사 관리

14. 한 번 만남으로
만리장성을 쌓는 방법은?
선물 활용

심통

8. 대인 비즈니스 어떻게 접근할 것인가?

감성적 접근

리크루팅 Approach

하수 엄마와 고수 엄마

"그렇게 하지 말랬지? 엄마가 하지 말라고 하면 하지 말아야지!"

초등학교 자녀에게 한 엄마가 야단을 치고 있었다. 엄마가 시키는 대로 하지 않아서 화가 난 모양이었다.

엄마는 자녀를 자신의 눈높이로 보고 있다. 수직적인 관계에서 보는 것이다. 그러니 자녀는 엄마가 지시하고 명령하고 통제하는 대로 따라와야 하는 기계적인 존재에 불과하다. 그렇게 하면 자녀가 변할까? 아니다. 하수 엄마가 자녀를 대하는 방법이다. 이성적인 방법으로 자녀에게 접근하면 하수 엄마다.

"우와, 잘했네! 어떻게 이런 걸 생각했어? 엄마도 생각하지 못했던 방법이네."

한 엄마가 자녀의 조그만 행동에도 반색을 하며 칭찬해준다.

엄마의 눈높이가 아니라 아이의 눈높이로 자녀를 바라보고 있다. 자녀의 생각과 행동을 공감해 주고 격려해 주고 응원해 주는 것이다. 그러면 자녀는 자신감을 얻게 되고 더 좋은 것을 위해서 계속 도전하게 된다. 고수 엄마가 자녀를 대하는 방법이다. 감성적인 방법으로 자녀에게 접근하는 엄마가 고수 엄마다.

하수 매니저가 있고 고수 매니저가 있다. 하수 매니저의 특징은 이성적인 방법으로 사람을 접근한다. 상대방을 변화시키기 위해서 설득하려고 덤벼든다.

반면에 고수 매니저의 특징은 감성적인 방법으로 사람을 접근한다. 설득하기에 앞서 심통(心通), 즉 마음이 통하게 하는 쪽에 더 집중한다.

결과만 얻으려 하면 하수다. 사람을 먼저 얻어야 고수다. 나는 하수인가, 고수인가?

리크루팅 Thinking

어떤 방법을 선택했는가?

사람을 대하는 방법에는 2가지가 있다. 머리로 접근하는 이성적 방법, 그리고 가슴으로 접근하는 감성적 방법. 이 2가지 중 내가 즐겨 쓰는 방법은 어느 것인가? 그 특징은 무엇인가?

이성적 접근

감성적 접근

심통, 즉 마음이 통하는 방법에는 어떤 것들이 있을까?

사람을 내 편으로 만들기 위해서 가장 우선적으로 해야 하는 것은 심통이다. 마음이 통해야 그 다음 단계로 발전할 수 있다. 마음이 통하게 하는 방법에는 어떤 것들이 있을까?

리크루팅 Insight

감성적인 방법이 더 효과적이다

사람을 변화시키기 위해 접근하는 방법에는 2가지가 있다. 하나는 이성적인 방법이요, 다른 하나는 감성적인 방법이다.

이성적인 방법은 머리로 접근하는 것이다. 지시하고 명령하고 통제하는 방법이다. 리크루팅에서는 상대방을 설득하려고 덤비는 것이 대표적인 경우다. 목적을 달성하기 위해 수려한 언변으로 상대방을 설득하려고 한다. 그러나 이성적인 방법으로 접근하면 리크루팅은 대부분 실패한다.

반면에 감성적인 방법은 가슴으로 접근하는 방법이다. 공감하고 경청하고 격려하는 것이다. 기쁨과 슬픔을 같이 하면서 항상 함께 한다는 이미지를 심어주는 방법이다.

리크루팅은 어떤 방법으로 접근해야 더 효과적일까? 결론부터 말한다면 이성적인 방법보다 감성적인 방법이 더 효과적이다. 한강대교와 마포대교의 접근 방법이 그 대표적인 경우다.

민족의 젖줄인 한강에는 매년 새롭게 만들어진 다리로 인해 현재 30개가 넘는 다리가 있다. 사람들에게 물었다. 30개가 넘는 한강 다리 중에서 가장 대표적인 다리 두 개를 꼽으면 어떤 다리가 생각나는가? 가장 많은 답을 얻은 다리가 한강대교와 마포대교였다.

그러나 불행하게도 한강을 대표하는 이 두 다리가 가지고 있는 공통적인 별명이 있다. 무엇인가? 그렇다. '자살대교'라는 것이다. 사람들이 자살이라는 극단적인 선택을 할 때 가장 많이 찾은 다리가 한강대교와 마포대교이다.

우리나라는 경제협력개발기구(OECD) 국가 중 자살률 1위라는 불명예를 안고 있다. 자살을 방지하기 위해 접근했던 한강대교와 마포대교의 방법은 극명하게 달랐다.

사람을 변화시키기 위한 방법 2가지

한강대교	마포대교
이성적 접근	감성적 접근

한강대교는 사람들로 하여금 자살을 못하게 하기 위해서 선택했던 방법이 이성적인 방법이었다. 자살하려는 사람이 다리 교각을 올라가지 못하도록 다리 교각에 기름칠을 했다.

그럼에도 자살이 줄지 않자 이번에는 기름칠한 다리 교각 위에 다시 베어링 모양의 볼을 설치했다. 자살하려는 사람들이 교각에 올라가지 못하도록 하기 위해서…….

그래서 자살하겠다는 사람의 마음이 변했을까? 천만에……. 한강대교에서 자살이 어려워지자 그 사람들이 이번에는 마포대교로 몰렸다.

하지만 마포대교는 자살을 방지하기 위해서 선택했던 방법이 달랐다. 감성적인 방법으로 접근했다. 극한 상황에 처한 사람이 자살하려고 마포대교를 찾아와 터벅터벅 걸을 때 보행자의 걸음에 맞춰 다리 난간에 불이 켜지면서 자살하려는 사람에게 말을 걸어온다. "긴 다리를 건너면 겨울 지나듯 새봄이 당신을 기다리겠지요"와 같은 문구들이 친구처럼, 가족처럼 말을 걸어온다.

때론 웃음이 터져나오는 유머, 군침이 저절로 도는 음식 사진 등의 희망과 위로를 전하는 문구들이 자살하려는 사람에게 위로와 격려를 전달했다.

이는 감동으로 이어졌고, 이를 통해 힐링을 얻은 사람들은 자살을 포기하고 집으로 돌아가는 것이었다. 그 결과 자살을 시도하는 사람은 현저하게 줄게 되었다.

이성적인 방법으로는 사람을 변화시키지 못한다. 사람은 스스로 변하게 해야 한다. 그 방법이 가슴으로 접근하는 감성적인 방법이다. 리크루팅에서 설득하겠다고 덤비는 사람이 실패하는 이유가 바로 여기에 있다.

리크루팅은 설득하려고 덤비는 이성적인 방법이 아니라 스스로 변하게 만드는 감성적인 방법으로 접근해야 성공한다.

변화시키려 하지 말고, 스스로 변하게 하라

"설득은 머리를 공략하는 이성적인 방법입니다. 그런데 아세요? 설득이라는 단어에는 변화라는 뜻이 들어 있다는 것을……. 상대방은 전혀 생각이 없는데 열심히 설득해서 우리가 원하는 방향으로 상대방을 바뀌게 만들고자 하는 것이 설득입니다."

한 매니저가 리크루팅은 이성적인 방법이 아니라 감성적인 방법으로 접근하는 것이 더 효과적이라고 설명하면서 한 말이다.

감성적인 방법이 더 효과적인 이유

머리	가슴
차갑다. 냉정하다.	따뜻하다. 안아준다.
계산적이다.	함께 가려한다.
자기 중심적이다.	상대방 중심적이다.
받으려고 한다.	주려고 한다.

사람을 대할 때 목적을 가지고 접근하는 사람들은 머리로 접근하는 특징이 있다. 머리는 자기 중심적이다. 냉정하고 계산적이다. 주려는 것이 아니라 받으려고만 한다.

머리로 사람을 대하는 사람은 영업도 못하고 리크루팅도 못한다. 대인 비즈니스는 사람을 먼저 내 편으로 만들어야 한다는 사실을 모르기 때문이다.

반면에 영업을 잘하는 사람을 보라. 리크루팅을 잘하는 사람들을 보

라. 그들의 공통점은 사람을 가슴으로 대한다는 것이다. 가슴은 따뜻한 것을 좋아한다. 가슴은 안아주려고 한다. 가슴은 어깨동무하고 같이 가려고 한다. 가슴은 자기 중심이 아니라 상대방 중심이다. 그래서 받기보다는 주는 것을 더 좋아한다.

따라서 상대방을 내 편으로 만들기를 원한다면 따뜻한 가슴으로 접근하는 방법을 찾아야 한다. 마음이 통하는 심통의 방법으로 접근해야 한다.

바둑에는 하수와 고수가 있다. 하수는 상대방을 잡으려고만 덤빈다. 한 수 앞을 내다보지 못한다. 마음에 여유가 없다. 그러다 자기가 잡혀 죽고 만다.

그러나 고수는 상대방을 잡으려 하지 않는다. 몇 수 앞을 보고 접근한다. 상대방을 자기가 가고자 하는 방향으로 유도한다. 그래서 결국에는 상대방을 제압한다.

이것이 바둑에서 하수와 고수의 차이다. 결과만 취하려 하면 하수다. 설득하려 덤비면 하수다. 사람을 얻어야 고수다.

리크루팅 고수는 이렇게 말한다.

"머리는 단기적인 접근 방법이에요. 지금 당장 어떤 결과를 얻으려고 하는 사람들이 즐겨 쓰는 방법이죠. 그러나 가슴은 장기적인 방법입니다. 오늘보다 내일을 보면서 사람을 관리하는 방법입니다."

자기 자신에게 질문해 보라. 나는 사람을 만날 때 이성적인 방법으로 접근하고 있는가, 아니면 감성적인 방법으로 접근하고 있는가? 오늘 내가 만나는 사람은 설득하기 위해서 만나는가, 아니면 그를 내 편으로 만들기 위해서 만나는가? 기억하자. 설득하겠다고 덤비는 사람은 하수다. 사람을 내 편으로 만들기 위해 노력하는 사람이 고수다.

영업을 잘하는 사람, 리크루팅을 잘하는 사람은 머리로 접근하는 이성적인 방법이 아니라 가슴으로 접근하는 감성적인 방법으로 활동한다.

심통

9. 첫 번째 만남에서 가장 중요한 포인트는?

이미지 관리

리 크
루 팅 Approach

시작 5분, 마지막 5분

축구 경기는 경기 시작 5분, 경기 종료 직전 5분을 조심해야 한다고 한다. 경기 시작 후 5분은 우왕좌왕하다 골을 먹기 쉽고, 경기 종료 전 5분은 집중력이 떨어져 골을 먹기 쉽기 때문이다.

월드컵 경기에서 이 사실은 여실히 입증되었었다. 경기 시작 후 5분과 경기 종료 전 5분 사이에 무서운 집중력을 나타내는 팀은 웃었었고, 방심하거나 체력이 떨어진 팀은 울면서 그라운드를 나왔어야 했다.

경기 시작 후 5분은 전체 경기 시간 90분의 5.5%에 불과하다. 경기 종료 전 5분 또한 전체 경기 시간의 5.5%에 불과하다. 하지만 이 5.5%의 시간에 이처럼 승자와 패자가 갈리는 것은 그만큼 처음 시작 5분과 마지막 시간 5분이 중요하다는 것을 말해주고 있다.

골프에는 여러 종류의 샷이 있다. 드라이버 샷, 아이언 샷, 트러블 샷, 벙커 샷에서 '굿샷'까지 많고 많은 샷이 있다. 이 중에서 가장 좋은 샷은 무엇일까? 정답은 '다음 샷'이다. 골프에서 좋은 스코어를 내기 위해서는 '다음 샷'이 좋아야 한다.

골프에서는 '다음 샷'이 중요하고 리크루팅에서는 '다음 만남'이 중요하다. 다음 만남을 위해서 이미지 관리를 해야 한다. 상대방이 호감을 갖도록 좋은 이미지를 보여줘야 한다.

이미지는 利美知(이미지)다. '이롭고 아름답게 알린다'라는 말이다. 자신을 이롭고 아름답게 다른 사람에게 알리는 것이 이미지다. 리크루팅 대상자를 만날 때 첫 이미지는 상큼하게, 마지막 이미지는 깔끔하게 하라.

리크루팅 Thinking

처음 만날 때와 헤어질 때 이미지 관리 방법은?

대인 비즈니스에서는 첫 이미지가 중요하다. 첫 만남의 이미지에 따라 성공 여부가 결정난다. 첫 만남에서 어떤 이미지를 남겨주어야 할까? 사람을 만날 때, 그리고 헤어지고 나올 때 어떤 것들을 신경 써야 하는지 정리해보자.

처음 만났을 때

물러날 때

좋은 이미지를 심어주기 위한 나만의 전략은?

첫 만남에서 자신감이 자만심으로 비춰지면 곤란하다. 부드럽고 여유 있는 전문가의 카리스마가 겉으로 보여지도록 하는 것이 좋다. 좋은 이미지를 심어주는 나만의 행동 방법은 어떤 것이 있는가?

리크루팅 Insight

첫 만남에서는 '겸따마다'를 선물하라

리크루팅 대상자를 처음 만날 때 가장 중요한 것은 무엇일까? 설득하는 일일까, 아니면 그냥 한 번 만나는 일일까? 나는 후자가 정답이라고 생각한다. 그냥 한 번 만나는 것에 목적을 두고 리크루팅 대상자를 찾아가는 것이 좋다는 말이다.

리크루팅 대상자를 처음 만날 때 중점적으로 해야 하는 일은 '얼굴 익히기'이다. 리크루팅 대상자가 어떤 사람인가를 파악하는 일이다. 즉, 긍정적이고 적극적이면서 도전적인 사람이냐, 아니면 부정적이고 소극적이면서 수동적인 사람인가를 파악하는 일이다. 우량 자원이냐, 불량 자원이냐를 탐색하는 것이 첫 번째 만남의 목적이라 할 것이다.

이 첫 번째 만남에서 가장 조심해야 할 것은 무엇일까? 이미지 관리이다. 좋은 이미지를 심어주느냐, 아니면 좋지 않은 이미지를 심어주느냐에 따라 리크루팅의 결과가 달라지기 때문이다.

몇 년 전 서울에서 활동하고 있는 한 매니저를 만났다. 본부에서 리크루팅 여왕상을 받은 사람이었다.

그를 만났을 때의 첫 이미지는 '허풍쟁이'라는 생각이 들었다. 만나자마자 자기 자랑부터 떠벌이기 시작했다. 리크루팅을 위해서 얼마나 많은 돈을 투자하고 있고, 팀원들과 함께 최고의 휴양시설에서 얼마나 많은 돈을 들여 어떤 이벤트를 하고 있는가에 대한 자랑일색이었다.

그와 대화하는 한 시간여 동안 내가 들을 수 있었던 것은 그의 자랑뿐이었다. 좋게 해석하면 자신감이 넘치는 모습이었다. 그러나 그 자신감 너머에는 자만심이 가득 차 있는 것을 느낄 수 있었다. 열정은 넘쳐나는데 겸손함이 없었다.

그와 헤어지고 난 다음 내가 갖게 된 그에 대한 생각은 '아직 덜 성숙된 사람이다'라는 것이었다. 벼는 익을수록 고개를 숙인다고 했는데, 그는 아직 덜 익은 사람이었다.

몇 년이 지난 후 그의 근황이 궁금해서 그에 대해 물었다. 그랬더니 돌아오는 대답이 그만둔 지 꽤 되었다고 했다. 열정적으로 사람들을 찾아다니고 만나는 것에 비해 리크루팅 성과가 좋지 않았다고 했다.

활동 초기에는 리크루팅 성과가 반짝 올라 본부에서 여왕상까지 받았었는데, 그게 얼마 가지 못했다고 했다. 사람들을 만날 때 자기 자랑이 심해 상대방으로 하여금 거부반응을 일으키게 만들었다는 것이다. 자신감이 자만심으로 비춰져 그를 만나는 사람들로 하여금 비호감을 갖게 했고, 이것이 결국 그로 하여금 활동의 에너지가 떨어져 중도에 포기할 수밖에 없게 만든 것이다.

첫 만남에서 신경 써야 하는 것

자신감 ≠ 자만심

자신감이 자만심으로 보여지면 안 된다.

미국에서 재미있는 실험을 했다. '문어가 과연 사람을 알아볼 수 있을까?'에 대한 실험이었다.

두 사람에게 각기 다른 방법으로 문어를 대하게 했다. 수족관의 문어에게 한 사람은 먹이만 주고, 다른 한 사람은 약만 올리게 했다.

이렇게 10일 동안 매일 실험을 한 뒤 두 사람을 문어 앞에 서게 했다. 어떤 결과가 나왔을까? 놀라지 마시라. 문어가 자기를 놀린 사람에게 먹물을 뿜었다.

더욱더 놀라운 것은 그 사람을 마주할 때 문어의 눈 주변에 공격할 때 나타내는 위장 무늬가 나타났을 뿐만 아니라 문어의 호흡이 급격히 올라갔다. 동물도 사람을 관찰하며 평가한다.

리크루팅은 사람을 상대로 하는 대인 비즈니스다. 대인 비즈니스에서 첫 번째 관문이 이미지다. 상대방이 나를 좋아하느냐, 싫어하느냐는 첫 만남에서 어떤 모습을 보여주느냐에 따라 결정된다.

원하든 원하지 않든 우리는 날마다 누군가로부터 이런저런 평가를 받으며 살고 있다.

첫 이미지를 관리하라. 자신감 넘치는 모습을 보여줘라. 에너지가 왕성한 활동 모습을 보여줘라. 그러나 자만심으로 비춰지지 않도록 조심하고 또 조심하라.

리크루팅을 잘하는 매니저들에게는 3개의 손이 있다. 왼손, 오른손, 그리고 겸손이다. 사람을 대할 때 항상 겸손하게 대한다. 그들에게는 '겸따마다'가 몸에 배어 있다. '겸손하고 따뜻한 마음으로 다가간다'는 말이다.

첫 만남에서는 상대방에게 '겸따마다'를 선물하라. 그래야 다음 만남으로 이어질 수 있다.

두 종류의 명함을 활용한다

'인맥관리 달인'이라는 별명을 가진 한 매니저를 만났다. 그녀를 만났을 때 나는 짜릿한 전율을 느꼈다. 그녀에게서 재미있는 사례 하나를 얻었기 때문이다.

나는 이런 만남을 좋아한다. 이야기(Story)가 있고, 감동이 있는 리크루팅 활동 사례를 공유하는 만남 말이다. 그녀와 이야기를 나누면서 나는 진흙 속에서 진주를 발견한 것과 같은 즐거움을 가질 수 있어 좋았다. 그것이 무엇인지 궁금하지 않는가?

그녀의 팀에는 독특한 색깔이 하나 있었다. 팀원 모두가 두 종류의 명함을 활용하고 있다는 것이다. 하나는 회사 로고가 찍혀 있는 명함, 다른 하나는 자신만의 독특한 명함이다.

두 종류 명함 활용 방법

회사 명함	개인 명함
일반인 만날 때	리크루팅 대상자 만날 때

"명함은 언제 주세요? 만나자마자 주세요, 아니면 헤어질 때 주세요?"

그 매니저가 나에게 던진 돌직구 질문이다. 사람을 만나면 자기소개를 위해서 주는 것이 명함 아니냐고 했더니, 틀렸다는 것이다.

사람을 만나 자기소개를 할 때 사용하는 것이 명함의 보편적인 용도이다. 자신의 이름, 회사, 직분, 전화번호 등을 알려주기 위해 사용하는 자기소개 도구가 명함이다.

그녀 또한 회사 로고가 찍혀 있는 명함은 일반 고객을 만날 때 그렇게 사용한다고 했다. 그러나 리크루팅 대상자를 만날 때는 명함을 그렇게 사용하면 안 된다고 했다.

리크루팅 대상자를 처음 만날 때 그녀는 만나자마자 명함을 주지 않는다. 처음에는 인사만 하고 이런저런 이야기를 하다가 헤어지기 직전에 회사 로고가 찍힌 명함이 아니라 특별히 제작한 자신만의 독특한 명함을 건넨다.

거기에는 회사 이름이 없다. 대신 '내 인생 주식회사 대표이사'라고 직함이 찍혀 있다. 자신은 1인 기업의 대표이사라는 것이다. 내 인생의 대표이사라는 것이다. 이는 자연적으로 그녀에 대한 호감으로 연결되게 되고, 다음 만남에서 그 효과가 여실히 나타난다고 했다.

이렇게 명함을 활용하는 그녀의 모습을 보고, 지금은 그녀의 팀원들 모두가 두 종류의 명함을 만들어 사용하고 있다.

당신의 뒷모습을 관리하라. 나가는 뒷모습을 좋은 이미지가 남도록 행동하라는 말이다.

상대방이 내 뒷모습을 보고 있다는 것을 잊지 마라. 전화 통화 후 수화기를 내려놓을 때를 생각해 보라. 내가 끊기 전에 상대방이 딸까닥 하고 먼저 수화기를 내려놓았을 때 당신 기분은 어땠었는가? 이것도 뒷모습 관리이다. 시작도 좋아야 하지만 만남의 마무리도 좋아야 한다. 처음 5분, 마지막 5분이 이미지 관리의 핵심이다. 첫 이미지는 상큼하게, 마지막 이미지는 깔끔하게 하는 방법을 연구하라.

심통

10. 두 번째, 세 번째 만남의 활동 목표는?

눈도장 찍기

리 크
루 팅 Approach

'반갑습니다' 액자

한 식당에 이런 액자가 걸려 있었다. '반갑습니다'라는 제목에 다음과 같은 내용이 적혀 있었다.

'한 번 오신 손님 처음이라 반갑고, 두 번 오신 손님 구면이라 반갑네. 세 번 오신 손님 단골이라 반갑고, 네 번 오신 손님 가족같아 반갑네.'

아무 상관이 없던 남남인 사람도 한 번 만나고 두 번 만나고 세 번 만나고 자주 만날수록 그 사람과의 관계가 달라진다는 말이다. 사람과의 관계는 만나는 횟수에 따라 달라진다.

쌀 미(米)자가 있다. 이 한자의 의미를 아는가? 열 십(十)자를 빼면 팔팔(八八)자만 남는다. 못자리 만들고 물 대고 씨 뿌리고 모내기하고 피 뽑아 주는 등의 과정을 거쳐 가을에 수확을 할 때까지 농부의 손길이 여든여덟 번 가야 한다는 것이다. 그래서 벼는 농부의 발자국 소리를 듣고 자란다고 한다. 벼는 농부의 관심과 정성을 먹고 자란다.

리크루팅도 마찬가지다. 리크루팅은 만남의 횟수에 따라 결정된다. 리크루팅 대상자는 매니저의 발자국 소리를 듣고 자란다. 만나는 횟수에 따라 친숙도가 달라지기 때문이다.

그러나 혹자는 말한다. 그냥 무의미하게 만나서는 안 된다고……. 맞는 말이다. 그러나 잊지 마라. 목적을 가지고 만나면 실패한다는 사실을……. 목적을 가지고 만나기에 앞서 인간관계, 신뢰도 형성에 더 주력해야 함을 잊어서는 안 된다.

자주 만나라. 정기적으로 만나라. 리크루팅 대상자는 매니저의 발자국 소리를 듣고 자란다.

크리티컬 씽킹 Thinking

찾아갈 수 있는 구실 만들기는?

우리의 일은 사람을 만나는 일이다. 오라고 하는 사람은 없어도 갈 곳은 많다. 친분관계를 쌓기 위해서는 찾아갈 수 있는 구실을 만들어야 한다. 상대방으로 하여금 부담감을 갖지 않게 하면서 찾아갈 수 있는 나만의 방문 구실은 어떤 것들이 있는가?

나의 평상시 사람관리 방법은?

인맥관리 달인을 보면 그만의 사람을 관리하는 방법이 있다. 10분 안에 문자 메시지 보내기, SNS 활용, 독특한 인사법 등과 같은 노하우를 가지고 있다. 상대방으로부터 좋은 호응을 얻었던 나만의 사람관리 방법은?

리크루팅 Insight

'밀물'과 '썰물'의 상황을 구분하라

피크엔드(Peakend) 법칙을 아는가? 우리가 어떤 사건이나 경험을 평가할 때 극적인 순간(Peak)과 마지막 순간(end)의 합으로 그것을 기억한다는 것이 피크엔드 법칙이다. 다시 말하면 사람과의 관계는 어느 한 시점으로 이루어지는 것이 아니라 함께 하는 전체의 합으로 이루어진다는 것이다.

높이 솟아 있는 웅장한 산봉우리를 보라. 멀리서 보면 하나의 봉우리처럼 보이지만 산 속으로 들어가서 자세히 보면 큰 줄기의 산맥이 있고 작은 봉우리들이 모여서 하나의 산봉우리를 이루고 있음을 보게 된다. 이것이 피크엔드 법칙이다.

리크루팅의 결과는 겉으로 신입사원 한 사람으로만 나타나지만 그가 올 때까지는 끊임없이 만나고 또 만나는 과정을 요구한다. 처음 만나 얼굴을 익히고, 수시로 만나 눈도장을 찍고, 이러한 과정 속에서 서로 마음이 통하게 되어 새로운 출발을 결심하게 되는 전반적인 과정이 리크루팅에서의 피크엔드 법칙이다.

"처음부터 오겠다는 사람은 아무도 없어요. 누구나 처음에는 다 못한다고 해요. 여기 있는 이 사람도 그랬어요."

한 매니저가 자기 팀원 중 한 사람을 소개해 주면서 그를 리크루팅하게 된 과정을 설명해준다. 입사 2년차로 활동을 잘하고 있는 그 사람은 해외로 물품을 수출하는 무역회사에서 근무했었다.

주변 사람으로부터 그를 소개받아 처음 그를 찾아갔을 때 그는 완강하게 거절했었다. 그러던 그를 한 달에 두 번씩 2년 동안 찾아갔다. 거절을 당하고 당하면서도…….

그를 찾아가서는 특별하게 한 말도 없었다. 그저 근처에 사람 만나러 왔다가 생각이 나서 얼굴 한 번 보려고 왔다 했다. 소위 말하는 눈도장 찍으러 왔다고 했다.

이렇게 그를 한 달에 두 번씩 쫓아다니면서 눈도장을 찍은 지 2년 정도 되었을까, 어느 날 그가 전화를 걸어와 만나자고 했다. 고민거리가 있다고 했다.

그를 만났더니 회사 이야기를 꺼냈다. 회사 상황이 어려워져 구조조정이 불가피하게 되었다는 것이었다. 그러면서 그가 하는 말이 지난 2년여 동안 계속 만나다 보니 마음 한편에서 '이참에 옮겨봐'하는 소리가 들린다 했다. 그는 그렇게 해서 새로운 출발을 하게 되었다.

"사람에게는 밀물과 썰물의 상황이 있어요."

그 매니저가 눈도장을 찍는 친숙활동의 중요성을 설명하면서 한 말이다.

바닷물이 육지 쪽으로 들어오는 것을 밀물이라 한다. 반대로 바다 쪽으로 빠지는 것을 썰물이라 한다. 사람에게 있어 밀물의 시기는 하는 일이 잘 돌아가는 경우를 말한다. 사업이나 직장에서의 일이 잘 풀릴 때는 갈등하는 사람이 없다. 직장을 옮기거나 업종을 바꾸려는 사람이 없다.

그러나 언제나 좋은 일만 있는 것은 아니지 않는가? 하는 일에 문제가 생기고 어려움을 겪는 경우가 썰물의 시기이다. 이때에는 심한 고민을 하게 된다. 자기가 하는 일에 회의를 느끼기도 한다. 새로운 돌파구를 찾아야 한다는 절실함을 느끼게 된다.

리크루팅 대상자의 상황 변화

밀물의 시기	썰물의 시기
눈도장 찍는 일에 주력	컨설팅하는 일에 주력

리크루팅 대상자 상황이 언제 어떻게 변할지 모른다. 언제 결정적인 기회가 만들어질 것인지 모른다는 말이다.

"밀물의 시기에는 자주 찾아가서 눈도장 찍는 일을 잘해야 해요. 그래야 썰물의 시기에 결정적인 기회가 만들어져요."

그는 때를 만들 줄 알아야 한다고 했다.

그는 리크루팅 대상자가 잘 나갈 때 부지런히 찾아다니면서 열심히 눈도장을 찍으라고 강조한다. 그래야 그 사람에게 하는 일이 삐거덕하고 문제가 생기면 평상시의 친분관계 여부에 따라 그 사람이 우리 쪽으로 오느냐, 아니면 다른 쪽으로 가느냐가 결정된다고 했다.

리크루팅 인사말은 따로 있다

"여러분은 주변 사람이나 고객을 만날 때 어떻게 인사하세요? 오랜만이네요? 이렇게 인사하십니까? 전 그렇게 인사하지 않습니다."

리크루팅 명장 타이틀을 가지고 있는 한 매니저가 후배 영업사원 직무 교육장에서 이렇게 그의 강의를 시작했다.

그는 의도적으로 피하는 인사말이 있다고 했다. '오랜만이네요'라는 인사말이다. 왜냐하면 '오랜만이네요'라는 말 속에 들어 있는 의미 때문이다.

'오랜만이네요'라는 말 속에는 그동안 내가 당신을 생각하지 않았다는 의미가 들어 있다. 전화 한 번 하지 않았다는 것이다. 만나지도 않았다는 것이다. 관계가 소원했다는 것이다. 그러다 모처럼 만나게 되었으니 오랜만이라고 하는 것 아니냐는 것이다.

그래서 그는 '오랜만이네요'라는 인사말 대신에 '반갑습니다'라고 바꿔서 사용한다고 했다. '반갑습니다'라는 말 속에는 어제도 당신을 만났었고, 오늘도 만났다는 의미가 들어 있기 때문이다. 어제도 당신을 생각했고, 오늘도 당신을 생각했다는 말이다. 생각하면 할수록, 만나면 만날수록 반갑다는 말이 '반갑습니다'라는 인사말 속에 들어 있는 것이다.

그의 인사말을 들으면서 그가 왜 리크루팅을 잘하는가를 짐작할 수 있었다. 평상시 '선택과 집중'으로 사람을 밀착 관리하는 습관이 그의 인사말에 고스란히 배어 있는 것이다.

어떤 인사말을 사용하고 있는가?

오랜만이네요.	반갑습니다.
관계가 뜸했다는 인사말	자주 만나고 있다는 인사말

연못에서 유유히 헤엄치고 있는 오리를 보라. 겉으로 보기에는 어떤 활동도 없이 조용히 물 위를 헤엄치고 있는 것같이 보이지만, 물 속을 자세히 들여다보면 두 다리는 쉴 사이 없이 물질을 하고 있음을 보게 된다.

리크루팅을 잘하는 사람을 보면 특별한 활동도 없는 것처럼 보이지만, 그의 활동을 자세히 들여다보면 평상시 리크루팅 대상자와의 친분관계를 쌓기 위해서 수시로 찾아가면서 눈도장 찍는 일을 게을리하지 않음을 알게 된다.

리크루팅은 만남의 횟수에 따라 결정된다. 한 번 두 번 만남으로 결정되는 것이 아니라는 말이다. 리크루팅 대상자를 선정하고 그를 기회가 될 때마다 자주 만나면서 친분관계와 신뢰관계를 쌓는 수고와 노력이 있어야 한다.

친분 쌓기 단계에서의 활동 목적은 설득이 아니라 얼굴 익히기에 있음을 잊지 말아야 한다. 설득하려 하면 다음 만남이 어려워진다. 그러나 얼굴 익히기에 주력하면 다음 만남이 수월해진다. 잦은 만남을 통해서 결정적인 순간을 포착하는데 집중하라.

심통

11. 마음이 통하는 지름길이 있다면?

상생정신

리크루팅 Approach

Give and take냐, Give and give냐?

기브 앤 테이크(Give and take)가 맞는 것일까, 기브 앤 기브(Give and give)가 맞는 것일까?

일반적인 사람과의 관계에서는 Give and take가 맞다. 주는 것이 있어야 받는 것이 있기 때문이다. 그러나 리크루팅에서는 이 말은 틀렸다. 왜냐하면 Give and take에는 주고받는 '거래'라는 개념이 자리잡고 있기 때문이다.

내가 하나를 상대방에게 주면 항상 마음속에는 그 하나를 되돌려 받아야 한다는 생각을 가지고 있다. 만약 상대방이 그 하나를 돌려주지 않으면 상대방에 대해서 서운하게 생각하고 삐치기까지 하게 된다.

Give and take는 1 : 1 동등의 관계를 원한다. 내가 주면 상대방도 주어야 동등해지는 것이다. 여기에는 나눔과 섬김이라는 것이 없다. 봉사와 희생이라는 것도 없다. 상대방에 대한 배려라는 것도 없다.

리크루팅을 하려면 Give and take에 쉼표 하나를 넣어야 한다. 즉, Give, and take 자세로 임해야 한다. 이 말은 '주어라, 그리하면 받게 된다'는 뜻이다.

이 쉼표가 바로 나눔과 섬김의 정신이다. 쉼표가 하나 더해진 Give, and take라는 말 속에는 주되 받지 말라는 뜻이 들어 있다. 주되 잊어버리라는 말이다. 다시 말하면 진정 리크루팅을 원한다면 Give and give 하라는 말이다. 어떻게 보면 바보스런 행동이다.

그러나 Give and give 자세로 임하는 사람들이 리크루팅을 잘하는 이유는 무엇일까? 아마도 Give and give 자세에 들어 있는 상생의 정신이 기적을 만든 것이 아닐까?

리크루팅 Thinking

나의 취미는 무엇인가?

취미를 영업이나 리크루팅에 활용할 줄 알아야 한다. 내가 가장 잘할 수 있는 주특기는 무엇인가? 내가 즐겨 찾고 있는 취미활동 서클이나 동호회는 어떤 것들이 있는가?

취미 서클

동호회

주변에서 실시되고 있는 전문 아카데미를 적어보자.

백화점이나 대형 마트, 지역 문화센터 등에서 실시하고 있는 아카데미 프로그램들은 어떤 것들이 있는가? 그중에 리크루팅 활동을 위해 접목할 수 있는 것들은 어떤 것이 있을까?

문화센터 프로그램

↓

리크루팅 프로그램

리크루팅 Insight

취미를 즐기면 하수, 취미를 활용하면 고수

"자~ 여기를 보세요. 김치~ 하시고, 하나, 둘……, 에이~ 그게 뭡니까? 지금 증명사진 찍으시는 겁니까? 그래요, 그렇게 활짝 웃으세요. 하나, 둘, 셋! 찰칵~"

한 매니저가 리크루팅 활동을 하고 있는 장면이다. 리크루팅에 카메라를 활용해서 좋은 결과를 얻고 있는 사람이다. 그의 취미는 사진 촬영이다. 자칭 아마추어 사진작가라고 한다.

그의 팀원들은 아침에 출근할 때 모두들 어깨에 카메라를 한 대씩 메고 출근한다. 카메라 동호회 사람들의 모임인가 착각할 정도다. 영업활동에 카메라를 활용하고 있는 사람들이다. 그들은 리크루팅한 매니저의 활동 모습을 영업활동에서 같이 따라 하고 있다.

"어느 날 신문에서 영정 사진을 찍어주는 직장인에 대한 기사를 봤어요. 그 기사를 보고 영업에 카메라를 활용해야겠다는 생각을 하게 됐죠."

그가 웃으며 카메라를 영업활동에 접목하게 된 동기를 이렇게 말했다.

그가 만나는 사람들의 책상에는 활짝 웃고 있는 유리 액자가 하나씩 놓여 있다. 그가 사람들을 만날 때 카메라로 찍어 선물한 액자인데, 모두가 환하게 웃는 모습이다.

그의 사진 콘셉트(Concept)는 '행복'이라고 했다. 그를 만나는 사람들이 행복해졌으면 좋겠다는 의미에서 활짝 웃는 행복한 모습을 사진으로 남겨주려고 노력하고 있다고 했다.

생일, 결혼기념일에 그가 선물하는 것이 사진 액자이다. 생일에는 개인이 환하게 웃은 얼굴을, 결혼기념일에는 부부가 환하게 웃는 얼굴을 액자에 넣어 선물한다. 이 액자를 받은 사람들이 감동하고 두고 두고 보관하는 것은 두말할 나위도 없다.

이렇게 그가 사진 액자를 만들어 선물해 준 사람이 300명이 넘는다. 그가 리크루팅한 팀원들은 모두 그의 사진 액자를 선물로 받은 사람들 중에서 나왔다.

취미를 영업, 리크루팅에 활용하기

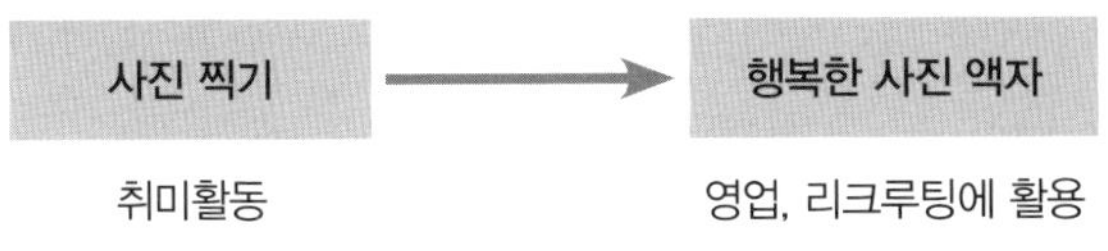

"일주일에 며칠 활동하세요? 월화수목금……. 저희 팀은 월화수목금금금입니다. 토요일, 일요일이 없어요."

그가 이어서 팀원들의 활동 모습을 이렇게 설명했다.

그의 사무실에서는 매주 토요일에 사진 촬영 강좌가 열린다. 직장인들 중에 사진에 취미를 가지고 있는 사람들을 사무실로 초청해서 사진 촬영에 대한 노하우를 공유하는 날이다.

처음에는 매니저가 팀원들에게 사진 촬영 기법을 설명하는 것으로 시작했는데, 지금은 이것이 주변 아는 사람들을 초청해서 열리고 있는 전문적인 사진 강좌가 되었다고 한다.

한 달에 한 번은 이렇게 모인 사람들로 구성된 동호회 활동으로 불우이웃을 위한 사진 촬영 봉사 행사도 갖고 있다. 또한 1년에 두 번, 즉 상반기, 하반기로 나누어 팀원과 동호회 회원들이 참가하는 정기 사진 전시회도 가지면서 친목을 다지고 있다.

'취미 활용'이 최고의 방법이더라

재주꾼들로 뭉쳐 있는 한 팀이 있다.

풍선 아트 전문가, 종이접기 전문가, 손글씨 POP 전문가, 미니 공예 전문가 등 다양한 사람들이 모여 한 팀을 이루고 있다. 영업에서도 뛰어난 성과를 올리고 있을 뿐만 아니라 사회 봉사활동도 즐겁게 하고 있는 팀이다.

어떻게 이들이 한 팀이 되었을까? 그 실마리는 다름 아닌 매니저에게 있었다.

이 팀의 매니저는 전직이 백화점 문화센터의 종이접기 전문 강사였었다. 그가 선배 매니저를 만나 영업활동을 하게 되면서 자신이 가지고 있던 기술인 종이접기를 영업에 활용했었다.

그녀는 고객들을 만날 때 그녀가 손수 접은 종이접기 작품을 선물했다. 종이접기로 액자도 만들고, 꽃바구니, 각종 장식품 등 종이접기를 이용한 선물을 주었는데 이것이 고객들로 하여금 좋은 반응을 얻게 되었고, 영업 실적으로도 좋은 성과를 나타냈다.

전문 강좌를 활용한 리크루팅 활동

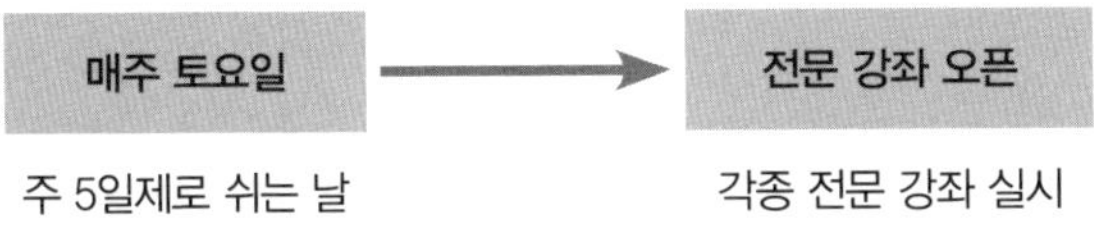

그는 매니저가 된 후 시간이 날 때마다 팀원들에게 종이접기 강좌를 실시하였다. 처음에는 자신이 가지고 있는 종이접기 기술을 공유하는 차원에서 실시하였다.

그런데 한 팀원이 "매니저님, 이것을 매주 토요일 리크루팅 강좌로 실시해 보면 어떨까요?"하는 아이디어를 냈다. 이렇게 해서 본격적으로 시작한 것이 종이접기 강좌이다.

이후 좀 더 다양한 강좌를 실시해 보자는 차원에서 풍선 아트 강좌, 손글씨 강좌 등으로 이어졌는데, 그때 초청했던 강사들이 지금은 팀원이 되어 같이 활동하고 있는 것이다.

전직이 풍선 아트 강사였던 사람은 고객이나 리크루팅 대상자의 돌잔치, 환갑잔치 등의 가족행사가 있을 때 행사장에 풍선 데코레이션을 해준다. 사람들의 입에서 입으로 소문이 나서 지금은 풍선 아트를 요청하는 사람들로 인해 토요일이 더 바쁘다고 한다.

"오늘 만나는 사람들과의 관계에는 마음이 있는가?"

그가 리크루팅 활동을 하면서 자신에게 날마다 묻는 질문이라 했다. 사람과의 관계에서 마음을 공유하는 것이 중요하다. 왜냐하면 마음이라는 것이 사람과의 관계를 온(On)과 오프(Off)를 연결하는 스위치 역할을 하기 때문이다.

같이 공유할 수 있는 상생거리를 찾아라. 앞에 소개했던 사진 촬영이 그랬고 종이접기, 풍선 아트 등과 같은 강좌가 그랬다.

사람들과의 관계를 부담없이 쉽게 연결할 수 있는 것을 찾는 것이 중요하다. 내가 잘하는 것을 찾아보라. 내가 좋아하는 것을 리크루팅에 접목해 보라. 빵 만들기를 좋아하는 사람은 빵을 이용해서 어떻게 마음을 공유할 수 있을까 생각해 보라. 반찬을 잘 만드는 사람이라면 자신이 만든 반찬이나 요리를 활용해서 인간관계를 만드는 방법도 좋은 것이다.

심통(心通), 먼저 마음이 통해야 한다. 그러면 결과는 자연스럽게 연결되게 되어 있다. 취미활동을 리크루팅에 접목해 보라. 취미가 혼자 즐기는 것으로 끝나면 아무런 도움이 되지 못한다. 취미도 리크루팅이나 영업에 연결하면 마음을 공유할 수 있는 좋은 프로그램이 될 수 있다.

리크루팅은 쉽고 재미있어야 한다. 취미를 활용하면 영업과 리크루팅이 재미있어진다.

심통

12. SNS 활용의 근본적인 목적은?

이름 석 자 알리기

리크루팅 Approach

둥근 정(情)이 떴습니다

오리온 초코파이 하면 무엇이 생각나는가? '정(情)'이라는 단어다. 오리온 초코파이는 '둥근 정(情)이 떴습니다'라는 정 시리즈 광고로 초코파이 시장을 석권했다.

초등학교 친구가 다른 학교로 전학을 가게 되자 친구들이 초코파이를 건네면서 이별의 아쉬움을 나누는 전학편으로 시작해서 '지구와 정을 맺다'라는 최근의 광고까지 초코파이는 정 시리즈로 국내 시장뿐만 아니라 세계 시장을 파고들었다.

리크루팅 활동을 한마디로 말한다면 정(情) 관리이다. 리크루팅의 핵심은 사람의 마음을 움직이는 것이다. 따라서 리크루팅은 정 관리를 어떻게 하느냐에 따라 성공 여부가 결정된다. 그렇다면 사람과의 정 관리를 어떻게 할 것인가?

옛날 시골집 마당에 물을 퍼올리는 펌프라는 것이 있었다. 물을 콸 콸 뿜어 올리는 펌프질을 하다가 펌프질을 멈추고 10분 이상 놓아두면 펌프에 고여 있던 물이 '삐익~'하면서 밑으로 빠져나가 버린다.

다시 물을 뿜어 올리려면 물 한 바가지를 펌프에 부어 넣고 펌프질을 하는데, 우리는 이를 '마중물'이라고 한다. 물 한 바가지가 밑으로 빠진 물을 마중 나가서 끌고 오는 것이다.

리크루팅에서도 사람의 마음을 끌고 오게 하는 것이 필요하다. 닫혀 있는 마음을 열게 하고 또 따뜻한 마음이 되게 하는 역할을 하는 것이 필요한데 이것이 '마중물 메시지'다.

당신은 리크루팅 활동에서 마중물 메시지를 어떻게 활용하고 있는가?

리크루팅 Thinking

인맥관리하는 도구들을 생각해 보자.

나의 인맥을 관리하는 방법에는 어떤 것들이 있을까? 내가 주변 사람들과 소통하고 있는 방법은 어떤 것들이 있으며, 어떻게 활용하고 있는가?

어떻게 내 마음을 상대방에게 보여줄 수 있을까?

인맥관리에서 중요한 것은 상대방을 생각하고 있다는 내 마음을 눈으로 보게 하는 것이다. 즉, 내 마음을 보여주는 쇼(Show)를 해야 한다. 고객이나 리크루팅 대상자에게 내 마음을 보여주는 것들에는 어떤 것들이 있는가? 기억에 남는 문자 메시지에는 어떤 것들이 있나?

리크루팅 Insight

SNS를 어떻게 활용할 것인가?

지하철을 타면 진풍경을 구경하게 된다. 10명 중 8, 9명은 모두 스마트폰에 코를 박고 있는 모습이다. 무엇을 하고 있을까? 카카오톡, 페이스북, 트위터, 밴드 등과 같은 SNS(Social Network Service)를 활용하고 있다.

인터넷 발달과 더불어 가장 크게 변한 것이 있다고 한다면 인맥관리의 방법이라 할 것이다. 옛날에는 직접 찾아가서 만나 얼굴을 마주보고 대화하면서 사람을 관리했다고 한다면, 지금은 직접 만나지 않으면서도 서로 소통하면서 관계를 만들어 가고 있다. 그 대표적인 도구가 SNS다.

SNS는 인터넷상에서 친구, 선후배, 동료 등 지인과의 인맥관계를 강화하고 새로운 인맥을 쌓으며 폭넓은 인적 네트워크를 만들어 가는 데 유용하게 사용하고 있는 소통 도구다. 클릭 한 번으로 주변 사람들의 근황, 관심사, 활동 모습을 볼 수 있으니 이만한 저비용, 고효율의 소통 시스템이 어디 있겠는가?

"저도 SNS를 이용하고 있습니다만, SNS를 활용할 때 한 가지 조심해야 하는 게 있어요."

한 매니저가 리크루팅 활동에 SNS를 활용하는 방법을 설명하면서 한 말이다.

그는 SNS에 올라온 글을 읽다 보면 가끔씩 역겨움을 느낀다고 했다. 자기 자랑, 홍보성 자료들을 집중적으로 올리는 사람들 때문이다. 잘 알지도 못하는 사람인데 날마다 자기를 자랑하는 글을 올리고, 자기가 하는 일을 집중적으로 홍보하는 사람들을 볼 때 욱하고 역겨움을 느끼게 된다고 했다. 소통이 목적이 아니라 이익을 목적으로 하는 사람들이다.

그래서 그는 SNS를 접근하는 방법을 바꾸기로 했다. '목적을 앞세우지 말자. 대신 도움을 줄 수 있는 무엇인가를 하나씩 나눠 주자'고…….

SNS를 통한 인맥관리 방법

SNS	소통
페이스북	긍정적 메시지
트위터	도움을 주는 정보
카카오톡	
밴드	

그는 SNS에 글이나 자료를 올릴 때 희망과 에너지를 줄 수 있는 글만 올린다. 자기와 관련된 자료를 올릴 때도 자기 자랑이 아니라 다른 사람에게 도움이 될 수 있는 것만 올린다. 삶에 도움이 되는 정보, 다른 사람이 알아야 하는 정보, 마음이 뭉클해지는 따뜻한 이야기 등을 중점적으로 올린다.

"어떤 사람은 SNS에 리크루팅 관련 글을 집중적으로 올리는 사람이 있어요. 사람들로 하여금 거부감을 느끼게 만드는 안티 이미지를 만들고 있다는 것을 그는 몰라요."

그가 이어서 하는 말이다.

재미있는 조사 결과가 있다. 영국의 한 조사 기관의 연구 결과에 따르면, 다른 사람에게 내가 그를 사랑한다는 마음을 전하기 위해서는 전화 통화가 30회, 이메일은 37회, 문자는 163회가 필요하다고 한다.

더욱이 페이스북은 170회, 트위터는 242회 이상 서로 주고받아야 효과가 있다고 했다. 전화 한 통을 하는 것과 비교할 때 페이스북에 5번 정도 글을 올려야 동일한 친밀도가 나오게 된다는 것이다.

이것은 무엇을 말하는가? SNS는 신속하고 편리하고 비용이 들지 않는 소통 도구임에는 틀림없지만, 마음을 전하는데 있어서는 직접 만나는 것이 더 효율적이라는 것이다.

그렇다면 SNS는 어떻게 활용해야 할까? SNS 활용을 통해서 무엇을 얻을 것인가?

한마디로 말하면 내 주변 사람들에게 내 이름 석 자를 잊지 않게 하는 것이다. 긍정적인 나의 이미지를 심어주는 것이다. 그것이 전부이다. 그러고 나서 기회가 될 때 직접 찾아가 만나야 효과적이다.

날마다 '쇼'를 한다

"저는 날마다 쇼(Show)를 하면서 삽니다."

한 매니저가 껄껄껄 웃으며 이렇게 말한다. 자기 활동의 특징을 한 마디로 말하라고 한다면 '쇼'라는 것이다.

쇼(Show)는 '보여주다'라는 뜻이다. 눈으로 확실하게 보게 한다는 뜻이다.

그는 날마다 자기의 마음을 주변 사람, 고객, 리크루팅 대상자에게 눈으로 보게 하는데 활동의 초점을 맞춘다고 했다. 그들을 생각하는 자기의 마음을 보여주는데 다양한 아이디어와 방법들을 활용한다는 것이다.

날마다 '쇼'를 하는 방법

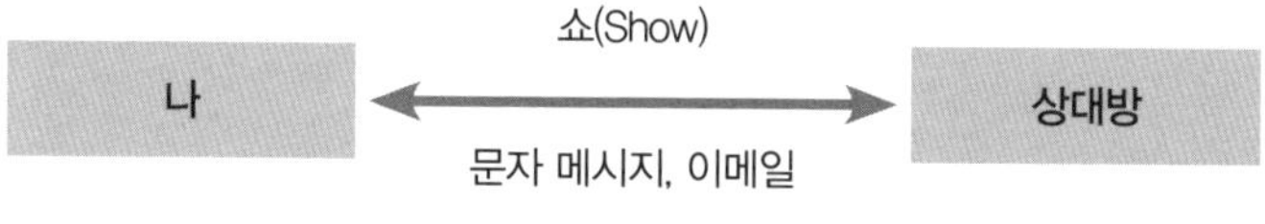

그가 행하는 쇼 중에 '10분 피드백'이라는 것이 있다. 고객을 만났거나 리크루팅 대상자를 만나고 나서 헤어지고 나면 10분 내로 만남에 대한 피드백을 문자 메시지로 보내는 것이다.

"물망초의 꽃말은 '나를 잊지 마세요'랍니다. 오늘 귀한 시간, 귀한 만남 감사합니다. 오늘의 만남을 잊지 않겠습니다."

사람을 만나고 나서 헤어지고 난 다음에 그가 즐겨 보내는 문자 메시지 중의 하나라고 했다. 이 문자 메시지를 받은 사람들은 그와의 만남을 좀 더 특별하게 기억하게 되더라고 했다.

그는 또한 일주일에 한 번씩 리크루팅 대상자에게 문자 메시지를 보낸다. 리크루팅 대상자 목록에 있는 사람들에게 매주 한 번씩 정기적으로 문자 메시지를 보내는데, 처음에는 몇 명에 불과했었는데 지금은 150여 명이나 되었다.

물론 어떤 목적이 있어 보내는 것이 아니다. 오늘도 내가 당신을 잊지 않고 이렇게 생각하고 있다는 자기의 마음을 보여주기 위함이다.

"누가 심판 좀 봐주세요. 들녘은 노랑, 단풍은 빨강. 노란색과 빨간색이 서로 싸우고 있습니다."

가을에 그가 보냈던 문자 메시지 중의 하나다.

"가장 예쁜 꽃은? 벚꽃? 개나리꽃? 아니요. 웃음꽃이래요. 웃음꽃이 활짝 피었으면 좋겠습니다."

재치와 위트가 넘치는 문구다.

SNS를 활용하든, 문자 메시지를 활용하든, 이메일이나 DM을 활용하든 한 가지만 잊지 말자. 이런 것들을 보낸다고 해서 곧바로 리크루팅과 연결되거나 어떤 결과가 나타나는 것은 아니다.

이것들을 활용하는 목적은 내가 그들을 생각하고 있다는 마음을 눈으로 보여주는 것에 있다. 즉, 내 이름 석 자를 기억하게 만드는 것이다. 그러기 위해서 날마다 쇼를 하자. 내 마음을 눈으로 보게 하는 것이다.

당신은 오늘 어떤 쇼를 했는가? 내일은 누구에게 어떤 쇼를 할 것인가?

심통

13. 사람을 내 편으로 만드는 효율적인 방법은?

애경사 관리

리크루팅 Approach

49%와 51%의 차이

49%와 51%의 차이점을 아는가? 2%의 차이? 아니다. 1%의 차이다. 중간인 50%에서 1%가 부족한 것이 49%다. 중간인 50%에서 1%가 많은 것이 51%다.

어린이 놀이터의 시소를 생각해 보라. 양쪽에 벽돌을 50개씩 올려놓았다. 그러면 시소는 어느 쪽으로도 기울지 않고 평행을 이룬다. 힘의 균형이 맞춰졌기 때문이다.

이 상태에서 한쪽의 벽돌 하나를 빼보라. 그러면 어떻게 되는가? 급속도로 한쪽으로 기울어지게 된다. 한쪽은 하늘로 올라가고 한쪽은 땅으로 내려앉는다. 시소의 벽돌 하나가 1%다.

리크루팅에서 성공하는 사람과 실패하는 사람의 차이점은? 노력의 차이? 실력의 차이? 아니다. 1%의 차이다. 남들이 하는 것에 1%를 안 하는 사람이 실패하는 사람이요, 남들이 하는 것에 1%를 더 하는 사람이 성공하는 사람이다.

〈총각네 야채가게〉로 유명한 이영석 사장은 '1%를 잡아라'고 강조한다. 그의 말을 잠시 소개해 본다.

"내가 좋아하는 말 중에 49%와 51%라는 말이 있는데, 그 차이가 뭔지 알아?"

"그야 50%를 기준으로 했을 때 1%의 많고 적음이죠."

"그래, 그거야. 바로 그 1%의 마음을 잡으란 말이야."

리크루팅 대상자의 마음을 사로잡는 1%의 행동은 무엇일까? 그것은 애경사 관리가 아닐까? 애경사 관리 여부에 따라 상대방의 마음이 빨리 열리느냐, 늦게 열리느냐가 달라진다.

리크루팅 Thinking

애경사 관리 방법 중 가장 효과적인 방법은?

리크루팅 대상자를 관리하는 데는 정답은 없다. 꼭 이렇게 해야 한다는 것은 없다는 것이다. 이를 뒤집어 생각해보면 정답은 없지만 방법은 있다는 말일 것이다. 리크루팅 대상자 관리를 위해서 내가 쓰고 있는 애경사 관리 방법은 어떤 것이 있는가?

이번 달 애경사가 있는 리크루팅 대상자를 적어보자.

이번 달 집중적으로 관리해야 할 사람들을 리스트업해 보자. 그중에서 애경사가 있는 리크루팅 대상자를 체크하고 어떻게 접근할 것인가에 대한 계획을 세워보자.

리크루팅 Insight

'애경사 관리 다이어리'가 있느냐?

인맥관리 달인들에게서 듣게 되는 노하우 중의 하나가 애경사 관리에 대한 것이다. 인맥관리 달인들이 공통적으로 말하기를 사람의 마음을 얻을 수 있는 적기가 있다고 한다. 즉, 사람의 마음을 얻으려면 타이밍(timing)을 놓치지 말라고 한다. 그때가 언제인가? 상대방에게 애경사가 있을 때다. 애경사를 챙겨주는 것이 평상시 열 번 찾아가는 것보다 더 효과가 있다고 한다. 특히 전혀 예상하지 못했던 사람으로부터 축하와 위로를 받게 되면 두고두고 잊지 않는다고 한다.

생일, 승진, 개업 등과 같은 좋은 일이 있는 경사의 경우와 슬픈 일이 생긴 애사의 경우 중 어느 쪽을 챙기는 것이 더 효과적일까? 좋은 일이 있는 경사의 경우도 중요하지만 안 좋은 일이 생긴 애사의 경우가 더 중요하다. 즉, 인맥관리 달인들은 경사보다 애사를 챙기는 것이 더 효과적이라고 말한다.

애경사 관리의 효과

평상시 방문	=	애경사 관리
10회		1회

입사 2년차의 한 세일즈맨을 만났다. 자기가 입사하게 된 동기를 다음과 같이 말했다.

둘째 아이가 다섯 살 되었을 때의 일이다. 자녀 양육 문제로 다니던 직장을 그만두고 날마다 집에서 애들과 전쟁을 하고 있을 때였다.

어느 날 지금의 매니저가 오전 11시경 집으로 찾아왔다. 그때는 매니저와 친분이 별로 없을 때였다. 한두 번 만나면서 얼굴 정도만 알고 있을 때였다.

그런데 매니저가 갑자기 찾아와 "내일이 생일이잖아요"라고 하면서 생일 축하 케이크를 내밀었다. 예상하지 못했던 사람으로부터 뜻밖의 선물을 받게 되니 기분이 좋았다고 했다. 경계심을 가지고 있던 마음의 빗장이 풀리게 되었다고 했다. 이럴 때를 무장해제 되었다고 하는 걸까.

고마운 마음에 차를 대접하려 하니 애들 때문에 밖으로 나가지는 못하고 집에서 차를 같이 마시고 있는데, 매니저가 잠깐 나갔다 오겠다고 하면서 밖으로 나갔다.

그러나 30분이 지나고, 1시간이 지나도 금방 오겠다고 하고 나간 사람이 다시 돌아오지 않았다. 1시간 반 정도가 지났을까, 매니저가 돌아왔는데 숨이 목까지 차있었다. 한 손에는 피자 한 판을 들고서…….

어떻게 된 거냐고 했더니 둘째 아이가 놀고 있는 모습을 보면서 피자를 사러 나갔는데, 주변에 피자집이 없어 한참을 헤매다가 시내까지 나가서 사오느라 시간이 많이 걸렸다고 했다. 감동이었다. 지금도 그날은 잊지 못한다고 했다. 그 일이 있고 나서 1년 후에 입사하게 되었다.

그를 도입한 매니저가 말한다. 리크루팅 대상자 카드를 만들 때 월별 다이어리에 리크루팅 대상자의 애경사를 제일 먼저 적는다고 한다.

"시간이 지나면 잊어버려요. 그래서 카드 만들 때 즉시 다이어리에 적는 거죠."

이렇게 말하면서 책상 위에 놓여 있는 월별 다이어리를 보여준다. 거기에는 주변 사람들의 애경사가 빼곡히 적혀 있었다.

그리고 어떤 사람은 빨간색으로 진하게 ☆(별표)가 되어 있는 사람도 있었다. 마치 드라마 등에서 다른 사람들로 하여금 자기 생일을 기억하게 하기 위해 표시해 둔 것처럼……. 무슨 표시냐고 물었더니, 다른 사람은 몰라도 이 사람의 생일만큼은 반드시 챙겨야 하는 사람이라 했다.

가장 좋은 날은 생일 전날이다

리크루팅 대상자의 생일을 챙기는 타이밍(timing)은 언제가 제일 좋을까? 생일 당일? 땡~, 틀렸다. 생일 전날이다. 왜냐하면 생일 당일은 가족이나 회사 동료 또는 친구들과 약속이 잡혀 있을 확률이 높기 때문이다.

앞에 소개했던 매니저가 리크루팅 대상자의 애경사 관리하는 방법에 대해 이런 에피소드를 소개해줬다.

리크루팅 대상자 생일에 점심이나 저녁식사 약속을 잡으려 했더니 약속 잡기가 쉽지 않았다. 점심은 직장 동료나 주변 친한 사람들과 약속이 잡혀 있고, 저녁은 대부분 가족과 함께 하기 때문이었다. 그래서 생각한 것이 생일 전날 약속을 하는 것이었다.

그랬더니 생일 당사자들의 반응이 의외로 좋았다. 생각하지 못한 사람이 자기 생일을 미리 챙겨주는 것에 대한 신선한 이미지뿐만 아니라 친근함까지 느끼게 되더라는 것이다. 이후부터 그녀는 고객들의 생일이나 리크루팅 대상자의 생일에는 전날 찾아가는 것을 원칙으로 하고 있다.

애경사에 찾아가는 타이밍

생일	애사
생일 전날	남보다 빨리

그녀가 철저하게 지키고 있는 행동 원칙이 하나 더 있다. 고객이나 리크루팅 대상자에게 슬픈 일이 있을 때는 전국 어디든지 쫓아간다

는 것이다.

그녀가 특히 신경 써서 챙기는 것은 좋은 일이 있을 때보다 안 좋은 일이 일을 때 찾아가는 것이다. 이 방법으로 영업에 성공할 수 있었고, 매니저인 지금은 이 방법으로 사람관리를 효과적으로 하고 있다고 했다.

"제 고향은 전라도 땅끝마을인데요, 거기까지 찾아왔었어요."

한 사원이 자기가 입사 결심을 굳히게 된 동기를 설명하면서 한 말이다.

3년 전쯤의 일이다. 매니저가 협력자로부터 전라도 땅끝마을이 고향인 사람이 모친상을 당했다는 소식을 들었다. 그때가 오후 5시경이었다.

'리크루팅 대상자 리스트에 들어 있는 사람이다. 지난 번 한 번 찾아가 만났었을 때 냉정하게 거절했던 사람이다. 더군다나 찾아가야 할 상가가 있는 곳이 땅끝마을이다.'

그럴 때 당신은 어떻게 하겠는가? 아는 사람에게 부조금을 담은 봉투를 전달한다고……. 대부분의 사람들이 하는 행동이 그렇다.

그러나 그는 그렇게 하지 않았다. 리크루팅 대상자에게 슬픈 일이 있을 때 전국 어디든지 직접 찾아간다는 것이, 그리고 남들보다 먼저 찾아간다는 것이 그가 지키고 있는 철칙이다.

그는 곧바로 자동차 시동을 걸었다. 그리고 땅끝마을을 향해 달려서 밤 12시가 거의 다 되어 상가에 도착했다. 조문을 마치고 또 밤새 달려 새벽 동이 틀 때쯤 서울에 도착할 수 있었다.

보름 정도 지났을까, 모친상을 마친 이 사람이 직접 찾아와 그 먼 곳 땅끝마을까지 직접 찾아온 것에 대해 감사 인사를 하면서 진지하게 고민해 보겠다고 했다. 그렇게 해서 그는 6개월 후 매니저의 식구가 되었다.

심통

14. 한 번 만남으로 만리장성을 쌓는 방법은?

선물 활용

리 크
루 팅 Approach

Thank(감사)와 Present(선물)

영어 think(생각하다)와 thank(감사하다)라는 단어를 보라. 이 두 단어에는 차이점과 공통점이 있다.

먼저 차이점을 보자. 두 단어를 가만히 보면 알파벳 한 자가 다르다. think에서의 i가 thank에서는 a로 변했다. i는 나(I)를 뜻한다. 반면에 a는 모두(all)를 뜻한다. 생각(think)은 내가 하는 것이고, 감사(thank)는 모두에게 하는 것이다.

이번에는 두 단어의 공통점을 찾아보자. 두 단어의 공통점은 어원이 같다. 두 단어가 같은 뿌리에서 나왔다. 무슨 말인가? 생각(think)하는 것을 겉으로 표현하는 방법이 감사(thank)라는 것이다. 생각하면 당연히 감사하게 된다.

정리해 보자. 내가 생각(think)하면 모든 것이 감사(thank)의 대상이다. 즉, 생각하면 할수록 모든 것(all)이 감사(thank)할 것뿐이다.

어떻게 감사하는 마음을 표현할까? 그것이 present(선물)이다. present라는 단어는 선물(present)이라는 뜻과 나타내다(present)라는 뜻을 가지고 있다. 즉, 감사하게 생각하는 마음을 눈에 보이게 표시하는 방법이 선물(present)이라는 것이다. 상대방을 생각하는 내 마음을 나타내고, 전달하는 수단이 선물이다.

나와 인연을 맺고 있는 모든 사람들이 감사하다. 리크루팅 대상자 군(群)에 속한 모든 사람들이 감사하다.

그들을 생각하는 내 마음을 어떻게 선물(present)로 보여줄까? 리크루팅 대상자에게 선물(present)을 제대로 전달(present)하려면 어떻게 해야 할까?

리크루팅 Thinking

리크루팅 대상자에게는 어떤 선물이 효과적일까?

세상을 살면서 우리는 무수한 선물을 주고받지만 기억에 남는 선물은 별로 없다. 하지만 한 가지, 마음을 담은 선물은 특별한 기억으로 남게 된다. 리크루팅을 위해 내가 쓰고 있는 선물 중에 효과만점인 선물은 어떤 것들이 있는가?

리크루팅 대상자에게 언제, 어떤 이유로 선물을 하는가?

우리는 여러 가지 이유로 사람들에게 선물을 하게 된다. 리크루팅 대상자에게는 언제, 어떤 이유로 선물을 하는가? 또 효과적인 전달 방법은 무엇인가?

리크루팅 Insight

부족한 2%를 무엇으로 채워줄까?

'2% 부족할 때'라는 음료가 있다. 왜 상품 이름을 '2% 부족할 때'라고 했을까?

이 상품을 대할 때 누구나 한 번쯤 가졌을 법한 의구심이다. 코카콜라, 박카스 등과 같은 고유명사 이름도 많은데, 왜 상품 이름을 '2% 부족할 때'라고 서술형으로 지었을까?

지구는 70%가 물로 되어 있다. 우리 몸도 70%가 수분으로 이루어져 있다. 무엇을 느꼈는가? 70%라는 공통점이 있다. 조물주가 세상을 창조하고 또 인간을 만들 때 70%라는 공통된 개념으로 만들었나 보다.

이렇게 사람의 몸을 구성하고 있는 70%의 수분 중에서 2%가 빠져나가면 어떻게 될까? 심한 갈증을 느끼게 된다. 여름에 땀을 흘리고 나서 물을 벌컥벌컥 들이키는 때가 이 경우이다.

우리 몸을 이루고 있는 70% 수분 중에서 5%가 부족하면 어떻게 될까? 혼수상태에 빠지게 된다. 생명이 위태롭게 된다. 새삼 물의 소중함을 느끼게 한다. 심한 갈증을 느낄 때가 수분이 2% 부족할 때이다. 이럴 때 부족한 2%를 채우라는 의미에서 상품 이름을 '2% 부족할 때'라고 지었다고 한다.

어떻게 고객들로 하여금 상품을 쉽게 기억하게 할 것인가, 그리고 어떻게 고객들로 하여금 경쟁 제품을 잡지 않고 우리 상품을 잡게 할 것인가? 마케터들이 가장 고민하는 업무 중에 하나다. 그래서 그들은 고객들을 사로잡을 수 있는 '죽이는 한마디'를 만들기 위해서 머리를 쥐어짜고 있다.

리크루팅 대상자의 마음을 쉽게 돌릴 수 있게 하기 위해서는 어떻게 해야 할까? 리크루팅 대상자의 마음을 헤집고 들어가기 위해서는 어떻게 해야 할까?

스마트 시대 선물 활용 요령

선물	+	스토리(Story)
단순한 물건		특별한 이야기

"스마트 시대의 특징 중에 하나는 사람들은 정(情)을 그리워한다는 것입니다. 스마트 제품들이 신속하고 편리함은 있지만, 따뜻한 마음은 담을 수 없기 때문일 것입니다."

한 매니저가 이렇게 말하면서 선물 활용 요령을 설명했다.

그는 선물을 할 때는 따뜻한 정을 담아서 보내라고 한다. 이것이 스마트 시대의 선물하는 방법이요, 이것이 가치 창조 선물 방법이라고 한다.

특히 리크루팅 대상자에게 선물을 할 때는 물건만 선물하면 안 된다고 그는 강조한다. 대신 스토리와 가치를 담아 선물하라고 한다. 받는 사람은 물건에 좋아하는 것이 아니라 스토리에 더 좋아하는 것이라고 했다.

고향이 강원도 원주인 사원이 있다. 그를 리크루팅하게 된 동기가 감자떡 선물 때문이었다고 한다. 그 사연이 이렇다.

매니저가 휴일에 가족과 함께 원주로 여행을 가게 되었다. 그는 여행을 할 때 그 지역에서 유명한 맛집을 찾아다니는 것이 취미이다. 원주에서 유명한 음식이 무엇인가를 찾던 중에 감자떡이 유명하다는 것을 알았다.

그는 가족과 함께 감자떡을 사서 먹던 중에 불현듯 리크루팅 대상자 중에 고향이 원주인 사람이 떠올랐다. 그래서 그 사람을 위한 감자떡을 사서 예쁘게 포장을 했다. 서울에 오자마자 그녀에게 전화를 하고 찾아갔다. 밤이 늦은 시간이었다. 그래도 내일이면 상할까봐 실례를 무릅쓰고 찾아왔다고 했다.

다음날 감자떡을 받았던 리크루팅 대상자로부터 전화가 왔다. 감자떡을 먹으면서 고향에 갈 때마다 감자떡을 손수 만들어 주시던 돌아가신 엄마가 생각나서 눈물이 났다고 했다. 이것이 계기가 되어 그녀와의 친분이 더 돈독해지게 되었고, 이 일이 있고 난 후 1년 후에 입사하게 되었다.

리크루팅 대상자를 찾아가는 방법 중 하나가 선물이다. 선물을 활용해서 찾아가는 구실을 만드는 것이다. 리크루팅 대상자와 친해지기 위해서는 자주 찾아가야 하는데 찾아가는 구실을 만들어주는 매개체가 선물이다.

"선물을 할 때는 아무리 작은 것이라고 하더라도 그 선물에 특별한 의미를 부여하는 것이 중요합니다. 의미가 더해지면 가격은 얼마되지 않는 물건이라 하더라도 싸구려로 느껴지지 않습니다."

그가 강조하는 말이다.

'땡큐 카드'가 '땡큐'를 만들었다

교육장에서 한 매니저가 자신의 활동 노하우를 후배들에게 전수해 주고 있었다.

"저와 여러분의 활동 방법은 다른 것은 없습니다. 똑같습니다. 그런데 굳이 한 가지 다른 점이 있다고 한다면 '땡큐 카드(Thank you card)'가 아닌가 합니다."

이렇게 말하면서 그의 땡큐 카드에 대한 설명이 시작되었다.

그는 매일 아침 땡큐 카드를 쓰는 것으로 하루 일과를 시작한다. 하루에 2명에게 '땡큐 카드'를 보낸다. 리크루팅 대상자뿐만 아니라 고객이나 주변 사람들에게 매일 땡큐 카드를 하루에 2장씩 보내고 있는데, 이 카드 덕분에 리크루팅이 잘 풀리고 있는 것 같다고 했다.

'내가 당신을 이렇게 생각하고 있습니다'하는 마음을 어떻게 보여줄 것인가 고민하다가 땡큐 카드를 활용해 보자는 생각을 하게 되었다. 감사하는 마음을 글로 읽게 해보자. 그래서 땡큐 카드를 하루에 2명에게 보내기 시작했는데, 시간이 지나자 이 카드 효과가 나타나기 시작했다는 것이다.

하루에 2명에게 감사하는 마음을 전하는 땡큐 카드를 보내면 이 카드를 받은 두 사람이 나에 대한 좋은 이미지를 갖게 된다. 이름하여 '땡큐'의 마음을 갖게 한 것이다. 이것이 1주일이면 10명, 한 달이면 40명, 6개월이면 240명을 내 편으로 만드는 효과를 나타낸 것이다.

"땡큐 카드가 땡큐를 만들었죠."

그녀가 깔깔깔 웃으면서 하는 말이다.

땡큐 카드 활용

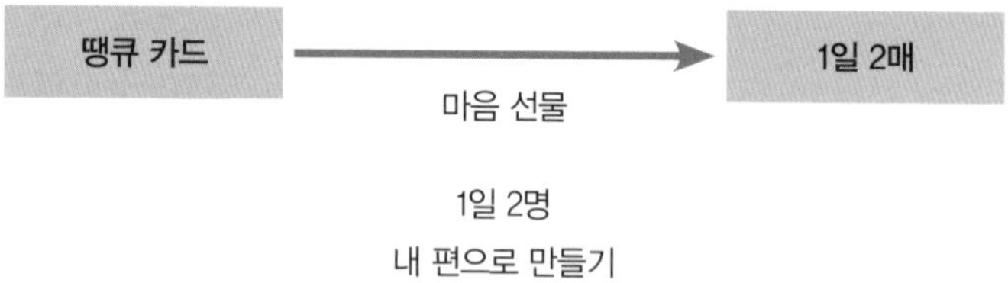

칼보다 강한 것이 펜이라고 했다. 사람의 마음을 움직이는 것은 무력으로 협박하는 것보다는 부드러운 글로 보여주는 것이 더 강한 힘

을 발휘한다.

말보다 강한 것이 글이다. 백 마디 말로 하는 것보다 한 마디 글로 보여주는 것이 더 큰 믿음을 준다. 그래서 '백문이 불여일견(百聞이 不如一見)'이라 한다. '백 번 듣는 것보다 한 번 보는 것이 더 낫다'는 말이다. 이 말을 우리에게 적용하면 '백 번 말하는 것보다 한 번 눈으로 보게 하는 것이 더 낫다'고 하겠다.

마음을 눈으로 보게 하라. 보이지 않는 마음을 시각화하라는 말이다. 상대방을 생각하는 마음을 눈으로 볼 수 있게 연출하라.

3장
소통

말이 통했느냐?

疏通

15. 상담자가 갖추어야 할 제1요건은?
공감지수

16. 가슴을 파고드는 상담 화법은?
죽이는 한마디

17. 결심을 빨리 하게 하는 상담 전략은?
가치 제시

18. 잘할 자신이 없다는 사람에게는?
신데렐라 요정

19. 영업은 싫다고 하는 사람에게는?
스마트 블루오션

20. 왜 옮기느냐고 하는 직장인에게는?
유통기한

21. 인생의 전환점이 필요한 사람에게는?
절대적 기회

소통

15. 상담자가 갖추어야 할 제1요건은?

공감지수

리크루팅 Approach

설득지수와 공감지수

당신은 입이 큰 사람인가, 아니면 귀가 큰 사람인가? 무슨 뚱딴지 같은 질문이냐고? 그럼 질문을 바꿔 보자. 당신은 사람을 만나면 말을 많이 하는 편인가, 아니면 듣기를 많이 하는 편인가?

당신이 말을 많이 하는 사람이라면 당신은 입이 큰 사람이다. 즉, 설득지수가 높은 사람이다. 상대방을 설득하기 위해서 말을 많이 하는 것이다. 설득지수가 높은 사람은 아마추어다.

반면에 상대방으로 하여금 말을 많이 하게 하는 사람이면 귀가 큰 사람이다. 공감지수가 높은 사람이다. 상대방으로 하여금 자기 속에 있는 것을 다 털어놓게 함으로써 상대방의 마음을 후련하게 해주고, 자연스럽게 스스로 변하게 하는 것을 잘하는 사람이다. 공감지수가 높은 사람이 프로다.

리크루팅을 잘하려면 설득지수보다 공감지수가 높아야 한다. 입이 큰 사람보다 귀가 큰 사람이 되어야 한다는 것이다. 말을 잘하려고 하기보다는 듣는 것을 잘해야 한다는 것이다.

말을 잘할 것인가, 아니면 말을 잘 들을 것인가? 이 둘은 동전의 양면과 같다. 항상 같이 붙어 다닌다는 말이다. 그러나 리크루팅 상담시 잊지 말아야 하는 것은 설득하기보다는 상대방으로 하여금 스스로 변하게 하고 스스로 결정하게 해야 한다는 것이다.

당신은 어떤 지수가 높은가? 설득지수인가, 아니면 공감지수인가?

리크루팅 Thinking

효과적인 상담 기법은 무엇인가?

리크루팅 대상자와 상담할 때 상대방을 설득하기 위해서 내가 말을 많이 하는 경향이 있다. 그러나 그 방법이 효과적인 상담 방법은 아닌 것 같다. 리크루팅 대상자와 상담할 때 어떤 방법으로 상담해야 효과적일까?

리크루팅 대상자가 스스로 변하게 하는 상담 방법은?

내가 상대방을 변하게 할 것이냐, 아니면 상대방이 스스로 변하게 할 것이냐? 리크루팅 상담을 할 때 갖게 되는 고민이다. 리크루팅 고수들은 상대방이 스스로 변하게 하는 방법을 많이 쓴다. 상대방이 스스로 변하게 하기 위해서는 어떻게 해야 할까?

리크루팅 Insight

카타르시스가 일어나게 하라

'카타르시스(catharsis)'라는 용어가 있다. 이 말은 정화, 배설을 뜻하는 그리스어인데 '정화'라는 종교적 의미로 쓰일 뿐만 아니라 몸 안의 불순물을 배설한다는 의학적 용어로도 쓰인다.

먼저 종교적인 면에서 카타르시스가 사용되었다. 성당에 다니는 사람을 보라. 성당에 다니는 사람은 마음속에 있는 무거운 짐을 신부에게 가서 다 털어놓는다. 이것을 '고해성사'라고 한다.

신부에게 자신의 마음속에 있는 것을 다 털어놓으면 마음이 어떤가? 후련할 것이다. 마음속에서 카타르시스가 일어났기 때문이다.

그 다음에 카타르시스를 활용한 곳이 정신과 병원이다. 정신과 병원에서 환자들을 치료할 때 많이 쓰는 방법 중의 하나가 환자에게 카타르시스가 일어나게 하는 것이다.

요즘 40대 주부들 중 정신과를 찾는 사람이 부쩍 늘었다고 한다.

경기가 어려워져서 소득이 줄고, 물가는 올라가고, 스트레스는 쌓이고……. 이런 것들이 쌓이고 쌓여서 우울증으로 발전하게 되었기 때문이란다.

그러면 정신과에서 우울증 환자를 치료하는 방법이 무엇일까? 우울증 환자로 하여금 마음속에 있는 것을 다 털어놓게 하는 방법이다. 20~30분 동안 마음속에 있는 문제들을 눈물 콧물 흘리면서 다 털어놓게 만든다.

우울증 환자가 마음속에 켜켜이 쌓여 있는 응어리들을 다 뱉어놓으면 마음이 후련해진다. 카타르시스가 일어났기 때문이다.

카타르시스 상담 기법

관심사	공감반응
근본 문제점 제기	같이 반응하고 공감함

리크루팅 대상자와 상담할 때 가장 효과적인 방법은 무엇일까? 결론부터 말하면 카타르시스가 일어나게 하는 방법이다.

겉으로는 행복해 보이는 사람도 좀 더 친해지고 보면 고민 없는 사람은 없다. 자식문제, 남편문제, 경제적인 문제, 시어머니 문제 등 고민거리들을 주렁주렁 달고 산다.

하지만 겉으로는 행복한 척, 아무 문제 없는 척, 즐거운 척하면서 살아간다. 친하지 않는 사람들에게는 자신의 문제점이나 고민거리를 털어놓지 않는다. 속마음을 보여주지 않는다.

그래서 리크루팅을 잘하는 사람들을 보면 상담할 때 자신이 말을 많이 하기보다는 듣는 데에 집중한다. 상대방의 마음속에 카타르시스가 일어나게 하기 위함이다.

상담 심리학을 전공했던 한 매니저는 이렇게 말한다.

"리크루팅 대상자와 상담할 때 한 가지 원칙이 있어요. 내가 말을 많이 하면 안 된다는 것입니다. 하지만 대부분의 사람들이 자기가 말을 많이 하려고 하죠. 그러니 성과가 신통치 않은 것입니다."

그는 학교에서 학생들의 문제를 해결해 주는 상담 교사로 오래 근무했던 경력을 가지고 있다. 학교에서는 상담 교사로, 평생교육원에서는 상담학을 강의하다가 지금은 매니저로 활동하고 있는 사람이다. 그의 리크루팅 상담 기법 중에 하나는 상대방의 가슴에 카타르시스가 일어나게 하는 것이라고 했다.

카타르시스가 일어나면 결정이 빨라진다

은행에서 과장으로 근무하다가 전직한 사람이 있다. 세일즈맨으로 전직해서 일약 억대 연봉자로 거듭난 사람이다. 그가 세일즈 활동을 시작하게 된 뒷이야기는 이렇다.

어느 날 필자에게 전화가 한 통 걸려왔다. 은행에서 근무하고 있는 사람이라 했다. 전직에 대한 심각한 고민을 하고 있는데, 잠깐 상담을 받을 수 있느냐고 물었다. 말하라고 했더니 그가 다음과 같은 고민거리를 털어놓았다.

1년 전쯤에 한 매니저가 자신을 찾아와 전직을 권유했다고 했다. 펄쩍 뛰면서 여기서 잘나가고 있는데 무슨 소리냐고 하며 거절했단다. 한 보름 정도 지났을까, 그 매니저가 다시 찾아와 또 전직을 권유했다고 했다. 이번에도 단호하게 거절을 했다.

그를 돌려보내고 나서 이런 생각을 갖게 되었다. 그 사람을 굳이 기분 나쁘게 해서 적을 만들 필요는 없지 않느냐, 언제 어떤 형태로 도움을 받을 수 있는 상황이 생길지도 모르는데…….

그래서 매월 찾아오는 매니저를 형식적으로 만났다고 한다. 그리고 1년이 지났다. 그런데 자신에게 지금 절체절명의 문제가 생겼다. 몸담고 있는 은행에서 구조조정을 실시하는데, 자신이 구조조정 대상자에 포함되었다는 것이다. 1년 전까지만 해도 상상도 할 수 없는 일이었는데, 1년 사이에 자기 상황이 이렇게 변하게 될 줄은 꿈에도 생각해 보지 못했다고 했다.

몇 날 며칠을 고민했다. 자존심이 상하지만 그대로 버티고 있어야 하느냐, 아니면 이참에 매월 찾아오는 매니저의 권유대로 전직을 할 것이냐를 고민하게 되더라는 것이다.

그러나 그의 이러한 고민을 은행에서 근무하는 동료들에게는 말할 수 없었다고 했다. 만약 자기가 그대로 남아 있게 된다면 자기 입장만 이상하게 되지 않느냐는 것이다. 그래서 물어물어 필자가 이 분야의 전문가라는 것을 알게 되었고, 그런 연유로 전화까지 하게 되었다고 했다. 그러면서 그의 마지막 질문이 어떻게 했으면 좋겠냐는 것이었다.

• "시장 선점이 중요합니다."

그에게 주특기가 뭐냐고 물었다. 은행에서 중점적으로 하고 있는 업무가 무엇이냐고 물었다. VIP 고객들을 상대로 하는 재무 컨설팅이라고 했다. VIP 고객들에게 자산관리 컨설팅을 해주고 좋은 성적을 냈던 사람이라고 했다. 30여 분 동안 전화를 통해 그의 이야기를 듣고 난 후 그에게 이렇게 컨설팅해줬다.

"시장을 선점하십시오. 앞으로 시장의 중심은 금융입니다. 경제가 성장하고 소득이 올라가면 갈수록 금융이 세상의 중심이 됩니다. 당신의 주특기는 재무 컨설팅이라고 했고, 또 그것을 접목해서 탁월한 성과를 만들어냈던 경험도 있잖습니까? 두려워하지 말고 과감하게 결정하십시오. 하루라도 빨리 시장을 선점하는 것이 좋습니다."

이 말에 그는 용기를 얻어 전직을 했다. 예상했던 대로 그는 입사 1년 만에 억대 연봉자의 리스트에 이름을 올렸다.

리크루팅 대상자와 상담할 때 매니저가 갖추어야 할 제1조건은 공감지수이다. 상대방을 설득하려는 설득지수가 아니라 상대방의 마음속에 있는 응어리를 풀어주는 공감지수가 중요하다. 공감지수를 높이는 방법이 상대방의 마음에 카타르시스가 일어나게 하는 것이다.

생각해 보라. 내가 말을 많이 하면 카타르시스는 나에게만 일어난다. 그러면 달라지는 것은 아무것도 없다. 반대로 상대방이 말을 많이 하면 카타르시스는 상대방에게 일어난다. 그러면 상대방이 달라진다. 스스로 변화를 일으키게 된다. 내가 말을 많이 하기보다는 리크루팅 대상자로 하여금 말을 많이 하게 해야 한다. 그래야 리크루팅 대상자에게 카타르시스가 일어나게 되고, 그러면 결정이 빨라진다.

소통

16. 가슴을 파고드는 상담 화법은?

죽이는 한마디

리크 루팅 Approach

3·3·3 화법

'3 · 3 · 3 화법'을 아는가? 일명 기자들의 화법이라고도 한다. 3초, 30초, 30분 전략이 '3 · 3 · 3 화법' 전략이다.

연예인이나 정치인, 기업가 등 특별한 사람이 사회적 문제를 일으켜 검찰청에 출두할 때를 생각해 보라.

검찰청에 출두하는 사람에게 기자들이 벌떼처럼 몰려들어 "어떻게 된 겁니까? 한 말씀해 주십시오"라고 질문공세를 퍼붓는다. 그러면 출두하던 사람이 포토라인에 서서 "물의를 일으켜 죄송합니다"라고 한 마디를 한다. 이것이 3초 전략이다. 일단 발걸음을 멈추게 하고 입을 열게 한 것이다.

그 다음에 기자들의 질문이 계속되면 출두하던 사람이 "검찰의 조사에 성실하게 임하겠습니다" 등의 몇 마디를 더 하게 된다. 이것이 30초 전략이다. 그러고 나서 시간과 여건이 될 때 그 사람과 인터뷰를 한다. 이것이 30분 전략이다.

리크루팅의 성공적인 상담을 위해서는 '3 · 3 · 3 화법' 전략이 필요하다. 먼저 리크루팅 대상자의 가슴을 파고드는 한마디를 제시할 줄 알아야 한다. 상담의 첫 마디가 상대방으로 하여금 강한 호기심을 가질 수 있는 말로 시작한다. 이것이 리크루팅의 3초 전략이다.

강한 호기심을 유발시키는 한마디를 '죽이는 한마디'라고 한다. 그래야 다음 단계인 회사 설명, 하는 일 등과 같은 이야기로 전개해 나갈 수 있다. 첫 마디가 중요하다. 첫 마디를 어떻게 하느냐에 따라 상담이 효과적으로 진행되느냐, 아니면 소득 없이 끝나느냐가 결정된다.

당신에게는 리크루팅 대상자의 마음을 사로잡는 3초 전략, 즉 '죽이는 한마디'가 있는가?

리크루팅 Thinking

리크루팅 상담 전략 '3초 · 30초 · 30분' 접근 방법은?

리크루팅 대상자와 상담할 때 접근하는 순서가 있다. 첫 마디를 어떻게 할 것인가? 3초 전략이다. 관심사항으로 대화의 포인트를 맞춰라. 30초 전략이다. 상대방의 문제점을 듣고 해결해 줘라. 30분 전략이다. 이 전략을 어떻게 전개해야 효과적일까? 어디에 포커스를 맞춰야 할까?

3초 전략

30초 전략

30분 전략

리크루팅을 위한 '죽이는 한마디'를 만들어 보자.

리크루팅 대상자와 만났을 때 첫 마디가 중요하다. 상대방의 관심을 이끌어내는 죽이는 한마디가 필요하다. 종이 한 장을 꺼내놓고 오늘 만날 리크루팅 대상자 이름을 적어보라. 그리고 그에게 던질 첫 마디를 고민해 보자. 가슴을 파고드는 죽이는 한마디를 만들어 보자.

리크
루팅 Insight

'죽이는 한마디'를 만들어라

'사람은 책을 만들고 책은 사람을 만든다.'

교보문고 입구에 새겨져 있는 문구이다. 이 한 줄만큼 교보문고를 잘 설명하는 말이 없는 것 같다. 간단하면서 핵심을 보여주고 있는 문구다.

그런데 한 가지 의문점이 생겼다. 이 멋있는 말이 하늘에서 뚝 떨어진 것처럼 교보문고 직원의 머리에서 창의적으로 만들어졌을까? 아닌 것 같다. 왜냐하면 윈스턴 처칠(1874~1965)이 이런 말을 했기 때문이다.

"사람은 건물을 만들고 건물은 사람을 만든다."

아하, 처칠의 말에서 한 단어가 바뀌었구나. 나는 이것을 창조적 복사(copy)라고 한다. 창조적 복사란 주변에 떠돌아다니고 있는 것을 응용하여 생명력을 불어넣는 것이다.

리크루팅 상담에는 창조적 복사가 필요하다. 즉, 주변에 떠돌아다니는 평범한 것들에서 리크루팅 대상자의 가슴을 파고드는 죽이는 한마디를 만들어야 한다는 것이다.

사람과 상담할 때는 공감할 수 있는 한마디가 필요하다. 상대방의 마음을 강하게 후비고 들어가는 말 한마디를 만들어야 한다. 그래야 거절이라는 것을 사전에 막을 수 있다.

죽이는 한마디 만들기

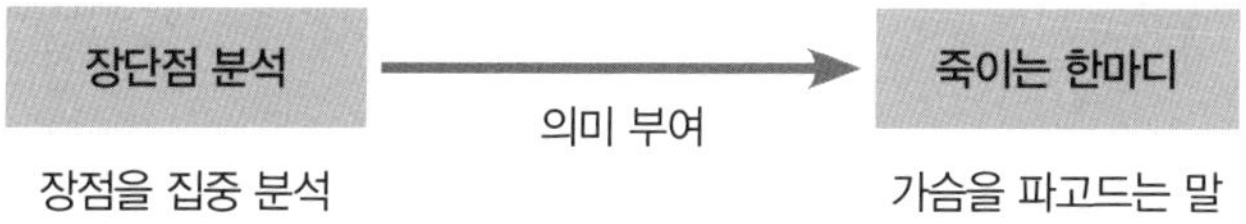

우리가 잘 알고 있는 김춘수의 〈꽃〉이라는 시가 있다.

내가 그의 이름을 불러주기 전에는
그는 다만
하나의 몸짓에 지나지 않았다

내가 그의 이름을 불러주었을 때
그는 나에게로 와서
꽃이 되었다 (하략)

아무 존재감이 없던 것에 이름이라는 의미를 붙여주었더니 꽃이라는 특별한 존재감을 갖게 되었다. 아무 존재감을 느끼지 못하는 사람에게 특별한 존재라는 것을 알 수 있도록 하는 한마디를 만들어야 한다.

꽃 얘기가 나왔으니까 말인데, 한 사원이 입사하게 된 동기는 꽃과 연결된 죽이는 한마디 때문이었다고 했다. 지금 그와 같이 활동하고 있는 매니저가 어느 날 찾아와 이렇게 말했다.

"가만히 들여다보니 당신도 꽃이다."

영업에 대한 선입관 때문에 자신이 없다고 하면서 거절을 하자, 매니저가 이렇게 말했다. 그러면서 매니저가 부연해서 설명했다. 처음에는 몰랐는데 한 번 만나고 두 번 만나면서 친해지고 보니 '당신은 능력 덩어리다'라는 것을 알게 되었다고 했다.

그는 '당신도 꽃이다'라는 말에 용기를 얻어 입사를 결심하게 되었다고 했다. 입사하고 나서 매니저에게 그 말을 어떻게 만들었냐고 물었더니, 어느 시구에서 따온 말이라 했다.

그는 평상시 주변에 떠돌아다니고 있는 말 중에서 리크루팅 상담에 쓰면 좋겠다 싶은 말들을 노트에 정리해 놓고 있다고 했다.

'죽이는 한마디 노트'가 있는가?

어떻게 상대방의 마음을 후비고 들어갈 죽이는 한마디를 만들 것인가? 그 방법은 간단하다. 노트를 하나 만들어라. 이름하여 '죽이는 한

마디 노트'다.

이 노트에 평상시 주변에 떠돌아다니는 기막힌 문구들을 들을 때마다, 볼 때마다 적어둔다. 리크루팅 잘하는 사람과 대화하는 중에, 리크루팅에 대한 교육을 받는 중에 기막힌 한마디가 있을 때마다 메모해 두었다가 그날그날 일기를 쓰듯이 이 노트에 정리해 둔다.

그리고 시간이 될 때마다 이 노트를 꺼내어 적어 놓은 문구들을 하나하나 보면 상대방의 가슴을 헤집고 들어가는 나만의 죽이는 한마디로 발전하게 된다. 노트에 적어 두었던 문구들에게서 생각의 발효가 일어났기 때문이다.

죽이는 한마디 노트 만들기

인상 깊은 말, 문구	→	죽이는 한마디 노트
성공자의 노하우		한곳에 모아 살게 하라

• "저에게 하나만 주세요."

한 매니저가 가지고 있는 죽이는 한마디 노트를 잠깐 들여다보았다. 그가 즐겨 쓰고 있다고 하는 화법을 몇 가지 소개해 본다.

13개월차 된 한 사원이 있다. 매월 판매실적이 본부에서 상위 3위 안에 드는 대형 사원이다. 그가 입사하게 된 동기를 이렇게 말한다.

처음 매니저를 만났을 때 거절하기 위해서 '말을 못한다'고 했다. 그랬더니 매니저가 하는 말, "저에게 하나만 주시면 돼요"라고 했다. 말을 못한다고 하는데 생뚱맞게 하나만 달라고? 사오정인가? 말이 안 된다. 화법이 맞지 않는다. '하나만 달라'는 매니저의 말에 그가 주춤하게 되었다.

그때 매니저가 웃으면서 종이에 글자를 하나 썼다. "영어로 Impossible(불가능)라는 단어 아시죠? 여기에 제가 점 하나만 찍어 볼게요. 그러면 I'm possible(나는 가능하다)이 됩니다. 저에게 이 점 하나면 주시면 돼요"라고 했다는 것이다. 점 하나만 주면 된다는데…….

• "당신의 꿈을 사러 왔습니다."

한 집에 두 형제가 살았다. 이 집에 가훈으로 이런 액자가 걸려 있었다.

'Dream is nowhere(꿈은 어디에도 없다).'

이 액자를 보고 자란 형은 노숙자가 되었다. 문구 그대로 꿈은 어디에도 없다고 생각하고 마구잡이로 살았기 때문이다.

그런데 똑같은 액자를 보고 자란 동생은 큰 사업가로 성공하였다. 그는 이 액자를 보면서 이렇게 읽었다고 한다.

'Dream is now here(꿈은 지금 여기에 있다).'

똑같은 액자를 보면서도 두 형제의 생각이 달랐다는 것이다.

이 이야기를 마치면서 매니저가 한마디한다.

"나는 오늘 당신의 꿈을 사러 왔습니다."

• "문제는 바로 당신입니다."

집에서 주부로 있다가 활동을 시작한 한 사원이 하는 말이다. 경제적인 형편상 무엇인가 일을 하고 싶은데 남편이 반대한다, 아이들 때문에 활동할 수 없다고 했다.

활동은 하고 싶은데 활동할 수 없는 이런저런 이유들을 끝까지 듣고 있던 매니저가 한마디했다.

"문제는 당신입니다. 당신이 변해야 합니다. 당신만 변하면 다 변합니다."

이 말에 용기를 얻어 활동하게 되었다고 했다.

소통

17. 결심을 빨리 하게 하는 상담 전략은?

가치 제시

리크
루팅 Approach

왜 '2080 치약'인가?

양치질은 왜 하는가? 입안을 깨끗이 청소하거나 입 냄새를 없애려고 하는 것이다.

양치질을 할 때 쓰는 것이 치약이다. 오늘 양치질을 할 때 어떤 치약을 썼는가? 옛날에는 '럭키 치약'을 썼었다. 한때 치약의 대명사였던 상품이다. 그러나 요즘에는 거의 쓰지 않는다.

그러면 어떤 치약을 쓰는가? 여러 가지 기능성 치약들이 나와 있다. 그중에서 가장 먼저 생각나는 치약이 '2080'이라는 치약이다. 나오자마자 돌풍을 일으켰던 치약이다. '2080'이라는 이름 때문이었다. '20세의 건강한 치아를 80세까지 유지하자 또는 20개의 치아를 80세까지 유지하자'라는 것이 2080의 의미라고 한다.

사람들은 누구나 건강한 치아를 늙어서까지 유지하고 싶은 니즈(needs)를 가지고 있다. 사람들의 이러한 니즈를 찾아 2080이라는 숫자로 표현했더니, 너도나도 이 치약을 장바구니에 넣었던 것이다.

리크루팅 상담에는 2가지 접근 방법이 있다. 하나는 업무의 속성이나 특징 등과 같은 팩트(fact)로 접근하는 것이다. 입안을 청소하고, 냄새를 없애기 위해 치약을 써야 한다는 것이 팩트로 접근하는 방법이다.

다른 하나는 상대방이 공감할 수 있는 가치(value)로 접근하는 것이다. 건강한 치아를 늙어서까지 유지하기 위해서는 2080 치약을 써야 한다는 것이 가치로 접근하는 방법이다.

아마추어는 팩트(fact)로 접근하는 방법을 더 좋아한다. 그러나 프로는 가치를 제시하는 방법을 더 많이 쓴다. 리크루팅에서 가치를 제시하는 방법은 어떤 것일까?

리크루팅 Thinking

내 마음을 파고든 상품광고는 어떤 것이 있는가?

날마다 TV, 신문 등에서 상품에 대한 광고가 쏟아져 나오고 있다. 대부분은 빗물이 흘러나가듯 그냥 스쳐 지나가는데, 간혹 내 마음을 파고드는 상품광고가 있다. 어떤 상품광고인가? 그 핵심 메시지는 무엇인가?

리크루팅 대상자에 대한 효과적인 접근 방법을 찾아보자.

무대뽀 정신으로 덤빌 것인가, 아니면 세밀한 전략을 세워 접근할 것인가? 리크루팅에는 무대뽀 정신으로 돌격하는 추진력도 필요하지만, 세밀한 전략을 세워 접근하는 지략도 필요하다. 오늘 만날 리크루팅 대상자에 대해 분석해 보고 어떤 콘셉트를 제시할 것인가 고민해 보자.

팩트(Fact)

콘셉트(Concept)

리크루팅 Insight

세상은 콘셉트와의 싸움이다

동아제약 '박카스'에 대한 이야기를 하려고 한다. 박카스는 피로회복제의 대명사로 자양강장제 드링크 시장에서 50년이 넘게 지존의 자리를 지키고 있는 상품이다.

박카스는 웰빙(well-being) 바람이 불면서 한때 위기를 겪기도 했었다. 박카스에 들어 있는 카페인 때문이었다. 웰빙 바람 때문에 TV에서, 각종 매스컴에서 연일 카페인을 피해야 한다는 보도들이 쏟아져 나왔고, 시장 분위기도 그렇게 급작스럽게 변해가면서 매출이 곤두박질쳤다. 시련이 아닐 수 없었다. 위기가 아닐 수 없었다.

그랬던 박카스가 지금은 완전하게 부활했다. 어떻게 부활했는가? 새로운 콘셉트(Concept)로 대응했던 것이 부활의 비결이었다. '힘내라, 대한민국'이라는 희망 콘셉트로 접근한 것이다.

'대한민국에서 수험생 가족으로 산다는 것'편의 광고를 보자. 수능시험을 앞둔 수험생이 엄마의 생일인지도 모르고 아침에 미역국을 끓여 줬다고 투정을 부린다. 그것을 본 여동생이 핸드폰 문자로 오늘이 엄마의 생일이라고 알려주자, 깜짝 놀란 수험생이 엄마에게 죄송하다는 의미로 박카스를 건넨다. 그러면서 '힘내라, 대한민국'이라는 내레이션과 함께 광고가 끝난다.

수능시험 기간을 맞아 대한민국에서 수험생 또는 수험생 가족으로 사는 모습을 누구나 고개를 끄덕이며 공감할 수 있는 이야기로 전함으로써 따뜻한 마음을 느끼게 한 것이다. 제품의 기능이나 속성으로 어필한 것이 아니라 같이 공감할 수 있는 콘셉트로 접근했던 것이 시련과 위기를 이겨낼 수 있는 비결이었다.

팩트가 아니라 콘셉트로 접근하는 방법

팩트(Fact)	콘셉트(Concept)
속성, 특성, 기능	공감하는 이슈

기왕에 말이 나왔으니 마시는 드링크에 대한 이야기를 하나 더 해보자. 광동제약 '비타500'에 대한 이야기다.

비타500이 시장에 처음 나왔을 때 드링크 시장의 골리앗 박카스가 딱 버티고 있었다. 박카스가 드링크 시장의 유통망을 점령하고 있었다. 난공불락의 요새와 같았다. 시련이 아닐 수 없었다. 위기가 아닐 수 없었다. 그런 박카스를 극복하고 비타500이 시장에 정착할 수 있었던 것은 웰빙 바람 덕분이었다.

비타500은 웰빙 바람으로 떴다. 연일 매스컴에서 카페인에 대한 유해성이 떠들썩할 때 비타500은 '카페인 프리(Free)'라는 콘셉트로 접근했다. '박카스에는 카페인이 있다. 그런데 비타500에는 카페인이 없다'는 의미에서 '카페인 프리'라는 콘셉트를 앞세운 것이다. 이것이 고객들의 마음을 파고들었다.

그렇게 시작했던 비타500이 지금은 '착한 드링크'라는 콘셉트로 승부를 걸고 있다. 카페인이 없는 착한 비타민 드링크라는 것이다. 그래서 지금은 병문안, 집들이 방문, 단체모임 등에 너도나도 비타500을 사가지고 간다.

세상은 콘셉트와의 싸움이다. 사람의 마음을 얻으려면 팩트(Fact)가 아니라 콘셉트(Concept)로 접근해야 한다. 사실적인 요소로 설득시키려 하지 말고 공감할 수 있는 콘셉트를 제시할 줄 알아야 한다. 즉, 공감할 수 있고 같이 공유할 수 있는 가치를 제시해야 한다는 것이다.

가치를 공유하게 되면 결정이 쉬워진다. 결심이 빨라진다.

가치를 담은 콘셉트를 제시하라

한 매니저의 리크루팅 활동 모습을 들여다보자. 그는 아침에 출근하면 오늘 만날 사람에 대한 분석부터 한다. 무작정 찾아가는 것이 아니라 오늘 만날 사람에 대한 분석을 한 후 그에게 어떤 가치를 제시할 것인가를 고민한다. 이름하여 '예습과 복습'이다.

사람을 만나기 전 오늘 만날 사람에 대한 정보를 분석한다. 이것이 예습이다. 그리고 그 사람을 만나고 난 다음에는 오늘 만남에서 얻은 정보를 추가로 기록한다. 이것이 복습이다.

그가 즐겨 쓰는 리크루팅 대상자 가치 제안 방법을 소개한다. 그는 책상에 앉으면 먼저 오늘 만날 리크루팅 대상자 카드를 꺼내어 책상 왼쪽에 놓는다.

그런 다음 빈종이 한 장을 꺼내어 종이 중앙에 세로로 선을 하나 긋는다. 그리고 중앙선을 그은 좌측에는 오늘 만날 예정인 리크루팅 대상자의 장점, 잘하는 것, 좋아하는 것 등을 기록한다. 그리고 중앙선을 그은 우측에는 그 사람의 단점, 고민거리, 해결해야 할 문제점 등을 기록한다.

이렇게 적은 종이를 책상 앞에 붙여놓고 리크루팅 대상자의 고민과 문제점을 해결해 줄 수 있는 결정적인 한마디를 만드는데 주력한다. 이름하여 '가치 제안 콘셉트 만들기'에 집중한다.

이렇게 해서 성공했던 그의 가치 제안 콘셉트, 즉 리크루팅 화법을 몇 가지 소개한다.

● "독립운동가로 만들어 드릴게요."

'입술은 여자의 붉은 피부다.'

한 화장품의 광고 카피가 이랬다. 입술이 피부라고? 이 무슨 얼토당토아니한 말인가? 피부는 피부고, 입술은 입술 아닌가? 그런데 입술이 피부라고 한다. 그것도 붉은 피부라고…….

그런데 가만히 생각해 보니 그 말도 맞는 것 같다. 아니, 입술도 피부가 맞다. 피부에 붉은 화장품을 칠해 놓은 것이 여자의 입술 아닌가.

40대 여성이 있다. 남편에게 묶여 있고, 자녀들에게 묶여 있다. 가정 살림에 묶여 있고, 경제적인 어려움에 묶여 있다.

그러다 보니 자신의 삶이란 없다. 자신의 이름을 잊고 산 지 오래다. 자신의 존재감도 잊었다. 그런 사람에게 활동하자고 한다면 어떤 말이 나오겠는가? 해 보겠다고……. 천만의 말씀. 할 수 없다는 말밖에 나오지 않는다. 이런 사람에게 그는 이렇게 말한다.

"독립운동가로 만들어 드리겠습니다."

이게 무슨 말인가? 지금이 일제강점기도 아닌데, 독립운동이라니……. 말이 안 된다. 상황에 안 맞는다.

그런데 기가 막히게 먹힌다. 오늘부터 독립운동을 하자는 것이다. 속박으로부터 독립, 경제적인 어려움으로부터 독립, 나태함으로부터 독립, 무기력한 일상으로부터 독립…….

"저희들은 독립운동가입니다. 저와 함께 독립운동을 하시죠."

• "행복 경찰(Happy Policeman)입니다."

사회를 지키는 일은 경찰이 한다. 각종 범죄로부터 국민을 안전하게 지키는 일을 하는 사람이 경찰이다. 그러면 개인을 지키는 일은 누가 할까? 각종 위험으로부터 개인의 행복을 지켜주는 일을 하는 사람은 누구일까?

"우리는 행복 경찰입니다."

이 매니저가 즐겨 쓰는 화법이다.

우리는 개인의 행복을 지켜주는 사람이다. 우리는 각종 위험으로부터 개인의 행복, 가정의 행복을 지켜주는 일을 한다. 국민이 행복하려면 반드시 있어야 하는 사람이 경찰이다. 그래서 경찰은 국가가 관리한다. 개인이 행복하려면 반드시 있어야 하는 사람이 우리이다. 그래서 우리는 국가로부터 권한을 위임받은 기관이 관리한다.

"당신을 행복 경찰로 추천하려 합니다."

소통

18. 잘할 자신이 없다는 사람에게는?

신데렐라 요정

리크루팅 Approach

당신은 누구냐?

주민등록증, 운전면허증, 사원증, 학생증……. 이것들의 공통점은? '당신이 누구냐?'라고 물을 때 나를 증명하기 위해서 사용하는 신분증명서다.

은행에서 통장을 새로 만들려고 했더니, 내가 누구인가부터 증명하라고 한다. 그래서 주민등록증을 보여주었다. 그제야 통장이 발급되었다.

회사에 출근했더니, 입구에서 나부터 증명하라고 요구한다. 그래서 출입구에 있는 기계에 신분증을 댔다. 그제야 문이 열린다. 세상의 문이 열리려면 자기 정체성(Identity)부터 확인해 줘야 한다.

컴퓨터 앞에 앉았다. 제일 먼저 요구하는 것이 아이디(ID)와 비밀번호(PW)다. 나에 대한 정체성부터 밝히라고 한다. 비밀번호를 잃어버렸다. 그랬더니 내 정체성에 대한 확인 작업부터 들어간다. 비밀번호

발급 질문에 대한 대답을 요구한다. 컴퓨터에 대고 '나라니까, 나란 말이야' 하고 소리지른들 컴퓨터는 반응이 없다.

우리가 잘 알고 있는 유명한 동화 두 편, 《미운 오리새끼》와 《신데렐라》. 이 두 동화의 공통점은? 자기 자신이 누구인지 모르고 살다가 마지막에 자신의 원래 삶을 찾아 행복하게 산다는 것이다. 자신의 정체성을 모르고 주어진 상황대로 살다가 자신의 정체성을 찾게 된 이후부터 그전과는 전혀 다른 새로운 삶을 살게 된다는 내용이 이 두 동화의 공통적인 주제이다.

정체성을 찾으면 힘이 강해진다. 삶에 대한 추진력이 강해진다. 자신감이 없다는 것은 자신이 누구라는 정체성을 모르기 때문이다.

자신감이 없다고 하는 사람에게 어떻게 정체성을 찾게 하고, 강한 의욕의 불을 지필 것인가?

리크루팅 Thinking

정체성이란 무엇인가?

우리가 알고 있는 두 편의 동화가 있다. 《미운 오리새끼》와 《신데렐라》. 이 두 편의 동화에서 주인공의 정체성은 무엇이었는가 생각해 보자. 그들이 자신의 정체성을 찾고 나서 그들의 삶이 어떻게 변했는가 논의해 보자.

미운 오리새끼

신데렐라

'자신이 없다'고 하는 사람에게 어떻게 말해야 할까?

리크루팅 상담을 하다 보면 가장 많이 듣게 되는 말이 '자신이 없다'는 것이다. 이럴 경우 당신은 어떻게 응대하는가? 또 상대방이 공감할 수 있는 화법은 어떤 것을 쓰는가?

리크루팅 Insight

힘(power)은 정체성에서 나온다

"제가 원래 미운 오리새끼였어요. 아무것도 할 수 없을 줄 알았던 제가 오늘 이렇게 변할 줄 누가 알았겠어요? 제 남편도 놀란답니다."

한 매니저가 '영업에는 자신이 없다'고 하는 리크루팅 후보자에게 자신의 과거를 이야기하면서 한 말이다.

안데르센 동화 《미운 오리새끼》가 있다. 유난히 큰 알에서 태어난 새끼 오리는 형제 오리들과 다르게 생겼다는 이유로 다른 오리들로부터 괴롭힘을 당한다.

"너는 왜 이리 못 생긴 거야? 저리가. 너 같은 게 우리 식구라는 게 싫어."

처음에는 어미 오리가 다독여 주지만 나중엔 어미 오리마저 미운 오리새끼를 없어져 버렸으면 좋겠다면서 구박을 한다. 이에 상처를 받은 미운 오리새끼는 집을 나오게 되고, 어느 마음씨 좋은 할머니의 집에서 지내게 된다.

하지만 그곳에서도 고양이와 닭의 괴롭힘을 당하게 되고, 결국 미운 오리새끼는 또 도망쳐 나온다. 춥고 외로웠던 겨울이 지나 봄이 오고, 어느 날 우연히 새끼 오리는 자신이 하늘을 날 수 있음을 알게 된다. 못생긴 오리인 줄만 알았던 미운 오리새끼는 아름다운 백조였던 것이다.

그날 이후 미운 오리새끼는 백조 무리 속으로 들어가 우아하게 하늘을 날며 행복한 삶을 살게 된다.

정체성을 찾는 것이 성공의 제1조건

미운 오리새끼 → 아름다운 백조

몇 년 전 모습
정체성이 없었다.

현재 모습
본래 모습을 찾았다.

"몇 년 전까지만 해도 내가 정말 누구인지 몰랐어요. 아니, 내가 백조라는 사실은 꿈에도 생각 못했어요. 남편으로부터 구박만 당하는 미운 오리새끼였었죠."

이렇게 말하면서 그는 자기의 정체성(Identity)을 찾는 것이 중요하다고 강조했다. 많은 사람들이 자기가 누구인지도 모른 채 하루하루를 살아간다. 그냥 미운 오리새끼라고 생각하면서…….

몇 년 전의 그녀가 그랬다는 것이다. 그러다 자신이 미운 오리새끼가 아니라 백조라는 사실을 알게 된 다음부터 생활이 180도 달라졌다고 했다. 지금처럼 활발하게 활동하게 된 것도 자기가 백조라는 사실을 알게 된 다음부터였다고 했다.

"당신은 원래 미운 오리새끼가 아니에요. 원래부터 백조였어요. 당신의 원래 삶을 찾으세요. 높은 하늘을 우아하게 비행(飛行)하는 백조의 삶……."

신데렐라에게 필요했던 사람은?

"동화《신데렐라》이야기 아시잖아요. 신데렐라에게는 요정이 있었어요."

한 매니저가 즐겨 쓰는 상담 화법 하나를 소개해준다.

동화 속에서 신데렐라는 계모와 새 언니들에게 가지가지 구박을 받으면서 청소, 빨래 등 온갖 궂은 일을 다 한다. 어느 날 계모와 언니들이 파티장에 간다고 할 때 자기도 가고 싶다고 했더니 "못생기고 예쁜 옷도 없으면서 파티는 무슨 파티……" 라는 핀잔과 함께 집에서 빨래나 하라며 구박을 당한다.

혼자 남은 신데렐라에게 요정이 나타나 파티장에 가라고 권한다. 그러나 신데렐라는 고개를 가로저으며 "못생기고 교양도 없고 드레스도 없고……" 하면서 파티장에 갈 수 없다고 한다. 계모와 언니들로부터 들었던 말들을 그대로 되풀이하면서…….

요정이 아름다운 드레스를 신데렐라에게 입혀주고 마차를 만들어

주었지만 신데렐라는 파티장에 가는 것에 용기가 나지 않았다. 하지만 요정의 도움으로 결국 파티장에 가게 된다. 파티장에서 왕자를 만나 신나게 춤을 추다가 12시까지 돌아와야 한다는 요정과의 약속 때문에 급하게 돌아오다 유리구두를 잃어버리게 되고……. 그 다음 이야기는 익히 잘 알고 있으리라 본다.

"몇 년 전까지만 해도 동화 속 신데렐라처럼 저도 열등감에 사로잡혀 있었어요. 내가 뭘 할 수 있겠는가? 다들 어렵다고 하는 것을 내가 어떻게 해……. 이런 생각이었죠. 이랬던 제가 인생의 요정을 만난 후 오늘처럼 이렇게 달라졌답니다."

신데렐라를 만들어준 사람

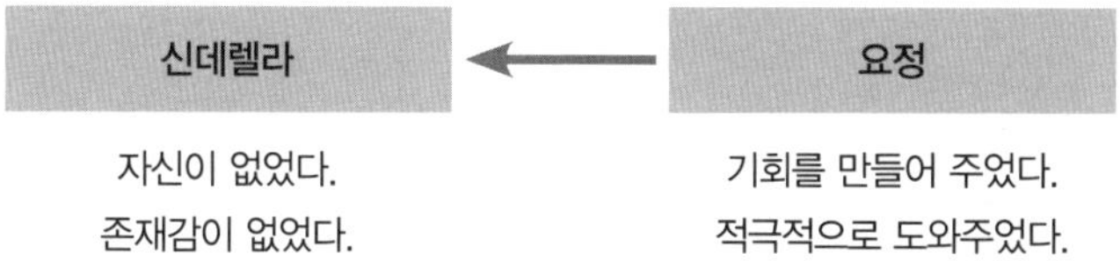

그녀를 오늘의 신데렐라로 만들어준 요정이 있었다. 요정을 만나기 전 그녀는 결혼하고 임신하고 두 자녀를 출산했다. 자녀 양육 문제 때문에 다니던 직장을 그만두어야 했다.

그녀는 자녀들이 어느 정도 자라자 다시 취업을 하려 했으나 일자리 찾기가 쉽지 않았다. '경단녀(경력이 단절된 여성)'들이 겪는 어려움이다.

그럴 때 그녀에게 요정이 나타났다. 지금의 그를 있게 해준 선배 매니저다. 그녀의 가능성을 봐주고 힘과 용기를 주었던 사람이다.

• "당신의 요정이 되어 드릴게요."

"신데렐라 얘기 아시잖아요? 이제 당신도 잃어버린 유리구두를 찾으세요. 제가 당신의 요정이 되어 드릴게요. 당신의 요정으로서 말하건대 당신은 못생기지도 않았고, 능력이 없는 것도 아니에요. 분명히 신데렐라가 될 수 있어요. 당신 안에 신데렐라 DNA가 있잖아요. 안 보여요?"

리크루팅 대상자와 상담할 때 그녀가 즐겨 쓰는 화법이라 했다. 그녀의 선배 매니저가 그녀에게 했던 말이다. 이 한마디에 그녀의 마음이 움직였듯이 이제는 그녀 또한 이 화법을 리크루팅 대상자의 마음을 움직이게 하는데 유용하게 사용하고 있다고 했다.

• "당신의 마음에 막대기 하나를 꽂아 드릴게요."

"마음만 가져오세요. 그 마음에 제가 성공의 막대기를 팍 꽂아 드릴게요."

자심감이 없다고 하는 사람에게 그녀가 즐겨 쓰는 화법 중의 하나라고 하면서 한자 두 글자를 소개한다.

心(마음 심), 必(반드시 필). 무슨 뜻인가? 무엇이 보이는가? 마음에 신념의 막대를 꽂은 것이 '반드시 필'자다. 마음만 가져오면 된다. 하겠다는 마음만 있으면 그 마음에 반드시 성공하도록 성공의 막대를 꽂아 주겠다는 것이 그녀의 말이다.

마음에 신념의 막대기를 꽂아라. 오늘과 다른 새로운 삶을 살겠다는 마음만 있으면 된다. 마음 心자에 신념의 막대기를 꽂으면 반드시 必자가 된다.

자동차는 무엇으로 움직이는가? 자동차는 가솔린으로 움직인다. 가솔린이 폭발하는 힘으로 자동차는 움직인다.

그러면 사람은 무엇으로 움직이는가? 사람의 마음을 움직이게 하는 것은 무엇인가? 그것은 정체성이다. 정체성을 찾으면 힘이 강해진다. 정체성을 찾으면 결정이 빨라진다. 자신감이 없다고 하는 사람에게는 자신의 정체성을 찾게 하면 결정이 빨라진다.

소통

19. 영업은 싫다고 하는 사람에게는?

스마트 블루오션

리크
루팅 Approach

가지 않은 길

로버트 프로스트(Robert Frost)의 〈가지 않은 길〉(The Road not Taken)이라는 시가 있다.

노란 숲 속에 두 갈래의 길이 있었다.
두 길을 동시에 갈 수가 없었기에
오랫동안 서서 길이 구부러져
숲 속으로 사라지는 곳까지 바라보았다.

하나의 길을 선택했다.
아직 사람들의 발길이 닿지 않은
수풀이 우거진 길이었기에
더 좋은 길이라 생각했다. (중략)

오랜 시간이 지난 후에
나는 이렇게 말할지 모른다.
숲 속에 두 개의 길이 있었다고—
그리고 나는 사람들이 적게 간 길을 선택했고
그 길이 내 인생을 바꾸어 놓았노라고.

숲 속에서 두 갈래로 갈라진 길을 만난다면 우리는 오른쪽 길로 갈까, 아니면 왼쪽 길로 갈까 망설이게 된다. 하나는 쉽고 편해 보이는 길, 다른 하나는 힘들고 어려워 보이는 길…….

어떤 길을 선택해야 할까? 지금 우리가 선택해야 하는 인생의 길인지도 모른다.

리크루팅 Thinking

쉬운 일과 힘든 일의 장단점은 무엇인가?

쉬운 일과 힘든 일에는 어떤 것들이 있는가? 또 쉬운 일과 힘든 일의 장점과 단점은 무엇인가? 쉬운 일과 힘든 일의 장단점을 비교해보면 영업은 무조건 싫다고 하는 사람에게 어떻게 응대할 것인가에 대한 방법이 보인다.

쉬운 일

힘든 일

스마트 시대에 뜨는 직업은 무엇인가?

세상이 빠르게 변하고 있다. 따라서 직업에 대한 인식도 빠르게 변하고 있다. 스마트 시대가 되면서 뜨는 직업이 있는가 하면 지는 직업도 있다. 스마트 시대에 뜨고 있는 직업은 어떤 것이 있는가? 5가지 이상 찾아보자.

리크루팅 Insight

어떤 일을 선택하겠는가?

50세 이상의 남녀 1,000명에게 물었다.

'만약 당신이 다시 청춘으로 돌아간다고 한다면, 다음 두 직종 중에서 어느 것을 선택하겠는가? 연봉 3,000만 원의 편안한 직종과 연봉 1억 원의 힘든 직종, 이 둘 중 어느 것을 선택하겠는가? 연봉은 적지만 몸과 마음이 편한 일을 하겠느냐, 아니면 몸과 마음이 힘들고 어렵지만 돈을 많이 벌 수 있는 일을 하겠느냐?'

당신 스스로에게도 물어보라. 당신의 경우라면 어느 것을 선택하겠는가? 당연히 몸과 마음이 힘들고 어렵더라도 연봉 1억 원을 받는 일을 하겠다고 할 것이다.

이 설문의 결과도 그랬다. 연봉 3,000만 원의 편한 일을 하겠다고 응답한 사람이 36.8%였다. 반면에 연봉 1억 원의 힘든 일을 선택한 사람이 63.2%였다. 특히 남성 응답자의 경우 71.2%가 저소득의 편한 일

보다 고소득의 힘든 일을 하겠다고 응답했다.

두 가지 중 하나를 선택하라고 한다면?

편한 일	힘든 일
연봉 3,000만 원의 편한 일	연봉 1억 원의 힘든 일
36.8%	63.2%

아르바이트와 직업의 차이점이 무엇인지 아는가? 한마디로 말하면 쉬운 일이냐, 힘든 일이냐의 차이다. 아르바이트는 쉬운 일, 직업은 힘든 일이다.

아르바이트는 누구나 할 수 있는 단순 업무, 즉 아마추어의 사람들이 하는 일이다. 그러나 직업은 오랜 훈련을 통해서 전문적인 지식이나 기술을 가져야 할 수 있는 전문 업무, 즉 전문가가 하는 일이다.

당신은 어떤 일을 하고 싶은가? 누구나 할 수 있는 쉽고 편한 아르바이트의 일이냐, 아니면 조금은 힘들고 어렵더라도 전문가들만이 할 수 있는 전문가의 일이냐?

• "뒷동산에서 '야호'하시나요?"

여기 두 사람이 있다. 한 사람은 뒷동산을 오르는 것을 좋아하고, 다른 한 사람은 높은 산을 오르는 것을 좋아한다. 뒷동산을 오르는 사람은 편하고 쉬운 일을 하는 아르바이트생과 같고, 높은 산을 오르는 사람은 힘들고 어려운 일을 하는 전문가와 같다.

뒷동산에 올라 '야호'하고 소리치는 사람 봤는가? 아무도 없다. 누구나 오를 수 있는 산이기 때문이다. 산책 삼아 오르는 산이기 때문이다. 간혹 뒷동산에 올라 '야호'하고 소리치는 사람이 있다. 그러면 사람들이 뭐라고 하는가? 미친놈이라 한다. 그것도 산이라고 올라서 '야호'하고 소리치냐는 것이다.

그러나 높은 산을 오르는 사람을 보라. 힘들고 어렵다. 땀이 나고 숨이 차다. 찾는 사람도 많지 않다. 고난과 역경을 이겨내고 어렵게 정상에 오르면 너도나도 있는 힘을 다해 '야호'하고 소리지른다. 해냈다는 성취감 때문이다. 남들이 하지 못한 것을 해냈다는 기쁨 때문이다.

"뒷동산에 올라 '야호'하시겠어요?"

한 매니저가 리크루팅 대상자에게 한 말이다. 그러면서 그가 하는 말이 이랬다.

"누구나 할 수 있는 쉬운 일이면 이렇게 찾아와 권하지도 않습니다. 당신이니까 강권하는 것이지요. 내 권유를 받은 당신은 행복한 사람입니다. 많은 사람들 중에서 특별히 선택된 사람이니까……."

우리가 찾는 사람은 아무 일이나 하는 아르바이트생이 아니다. 전문적인 일을 하는 스페셜리스트이다.

영업은 블루오션이다

스마트 시대의 키워드는 변화(Change)와 생존(Survival)이다. 지금은 변화가 엄청나게 빠른 속도로 일어나고 있다. 시속 100km, 아니 시속 200km는 되는 것 같다. 이렇게 빠르게 변하고 있는 세상에서 어떻게 살아남을 것인가? 이것이 핵심 과제다.

시대가 변하면서 해석이 달라지는 것들이 있다. 인식이 바뀌고 있는 것들이 있다. 《이솝 우화》의 〈개미와 베짱이〉가 대표적이다.

옛날에는 열심히 땀 흘리는 개미에게 찬사를 보냈었다. 날마다 노래만 하는 베짱이를 비난했었다. 그러나 지금은 변했다. 개미와 베짱이를 다른 시각으로 본다. 베짱이를 창조적인 예술가로, 개미를 그저 그런 속물로 해석한다.

무더운 여름에 음악으로 개미의 갈증을 달래줬던 베짱이가 "지난 여름에 음악으로 내가 너를 도와줬으니까 이제 네가 나를 도와줘야 돼!"라며 개미에게 당당하게 겨울 양식을 요구한다. 베짱이의 이런 요구를 개미는 매몰차게 거절한다. 그런 개미를 지금은 꿈도 인정도 없는 세상의 속물로 해석한다.

미투 인생이냐, 창조 인생이냐?

미투(Me too) 인생	창조 인생
남들을 따라 사는 삶	나만의 가치를 추구하는 삶

지금은 개미를 생각 없이 열심히 사는 미투(Me too) 인생으로 해석한다.

미투(Me too) 인생이란 무엇인가? 남들이 사는 모습을 그대로 따라

가는 삶을 사는 것을 말한다. 남들이 쉽고 편한 길을 간다고 해서 나도 쉽고 편한 길을 따라가는 삶을 말한다. 자기만의 비전이나 가치관은 내팽개치고 그저 쉽고 편한 길만 따라가는 사람을 미투 인생을 산다고 한다.

개미는 근면하고 성실하다. 그리고 부지런하다. 그러나 자기만의 가치관이 없는 미투 인생을 살고 있는 사람이라는 것이 지금의 해석이다. 나도 혹시 개미와 같은 미투 인생을 살고 있는 것은 아닌가 뒤돌아본다.

• "영업은 블루오션입니다."

"스마트 시대에 영업은 블루오션(Blue Ocean)입니다."

한 매니저가 영업은 싫다고 하는 사람에게 한 말이다.

블루오션(Blue Ocean)이란 용어가 있다. 몇 년 전에 기업 경영에서 센세이션을 일으켰던 이론이다. 경쟁이 치열한 시장을 레드오션(Red Ocean)이라 한다. 반면에 경쟁자가 없는 새로운 시장을 블루오션(Blue Ocean)이라 한다. 경쟁자가 너무 많아 서로 물고 뜯는 바람에 핏빛으로 변한 레드오션이 아니라 아직 경쟁자가 없어 맑고 깨끗한 푸르고 푸른 블루오션을 찾아야 한다는 것이 블루오션 전략이다.

자기 경영에서 잊지 말아야 하는 것이 블루오션을 찾는 일이다. 나는 지금 많은 사람들이 가는 길, 쉽고 편한 길에 자리 하나 깔고 남들과 똑같은 삶을 살고 있지 않나 생각해 보라. 남들이 가지 않는 길, 새로운 가치를 찾는 길이 아니라 남들이 하니까 미투(Me too) 전략으로 생각 없이 따라가고 있는 것은 아닌가?

아날로그 시대에 영업은 레드오션이었다. 그때는 '영업 = 외판원'으로 인식되었었다. 그러나 스마트 시대인 지금은 영업은 블루오션이라는 인식으로 바뀌었다. 너도나도 아무나 하는 직업이 아니라 전문 지식을 가진 전문가만이 하는 일로 인식되고 있다.

당신은 레드오션의 길을 갈 것인가, 블루오션의 길을 갈 것인가?

소통

20. 왜 옮기느냐고 하는 직장인에게는?

유통기한

리크루팅 Approach

현대판 머슴제도

우리나라 근대화의 과정 중에 머슴이라는 제도가 있었다. 돈 많은 농가에 고용되어 그 집의 농사일과 잡일을 해주고, 그 대가로 곡식이나 급여를 받는 사람이었다.

주인과는 주종관계로서 지금의 갑과 을과 같은 관계를 이루고 있어 주인의 눈 밖에 나지 않기 위해 힘든 일, 하기 싫은 일도 마다하지 않고 해야 했다. 때로는 주인의 가족이나 자녀들로부터 하인과 같은 차별대우를 받기도 했지만, 이의없이 그것을 받아들여야 하기도 했다. 농번기에는 새벽부터 일어나 밤늦게까지 힘든 일을 해야 했었다.

머슴은 노동력과 농사 경험에 따라 상머슴과 중머슴 등으로 구분되었다. 상머슴은 25~43세의 중장년층으로, 힘이 좋고 농사 경험도 많아 한 해의 농사를 훤하게 꿰고 있는 사람이었다. 따라서 노동의 대가를 높게 받았다. 지금의 직장에서 보면 한창 상한가를 치고 있는 사람들이 여기에 해당되는 것 같다.

50세 전후의 중노년층은 중머슴으로, 같은 일을 하고도 상머슴보다는 대우를 낮게 받았다. 직장인들 중에 경쟁력이 떨어지거나 구조조정의 대상이 되는 사람들이 여기에 해당되었던 것 같다.

시대가 지나면서 과거의 주종관계를 이루었던 머슴제도는 사라졌지만, 아직도 그와 비슷한 모습이 남아 있음을 보게 된다. 오늘의 직장제도가 그렇다. 그래서 지금의 직장제도를 현대판 머슴제도라고 하고, 지금의 직장인을 현대판 머슴이라고 한다.

당신은 상머슴인가, 중머슴인가?

리크루팅 Thinking

유통기한 있는 것은 어떤 것들이 있을까?

유통기한 있는 제품들을 생각해 보자. 제품의 유통기한을 5가지 이상 찾아보자. 그리고 각 제품들의 유통기한이 어떻게 다른가 생각해 보자.

직장인의 정년에 대해 생각해 보자.

직업에 따라 정년이 다르다. 직장인의 정년은 몇 세까지일까? 지금은 정년까지 직장생활하겠다고 하는 사람은 거의 없다. 그러면 정년 전에 퇴직한 사람들이 주로 하는 일은 어떤 일들일까?

리크
루팅 Insight

당신의 유통기한은 언제까지인가?

우유 한 팩을 사러 마트에 갔다. 우유를 고를 때 반드시 확인하는 게 있다. 유통기한이다. 유통기한이란 무엇인가? 이 제품은 이때까지만 사용하고 날짜가 지나면 폐기하라는 것이다.

상품마다 유통기한이 다르다. 우유는 유통기한이 짧다. 칼국수에도 유통기한이 찍혀 있다. 우유보다는 유통기한이 더 길다. 라면에도 유통기한이 적혀 있다. 유통기한이 우유, 칼국수보다 더 길다. 통조림에도 유통기한이 찍혀 있다. 우유, 칼국수, 라면보다 유통기한이 훨씬 더 길다.

제품에 유통기한이 있는 것처럼 사람에게도 유통기한이 있는 것 같다. 제품마다 유통기한이 다른 것처럼 사람마다 유통기한이 다른 것 같다.

어떤 사람은 유통기한이 짧다. 우유의 유통기한이 얼마되지 않은 것처럼……. 어떤 사람은 유통기한이 길다. 통조림의 유통기한이 긴 것처럼…….

유통기한이 다르다.

제품	사람
제품마다 유통기한이 다르다.	사람마다 유통기한이 다르다.

당신은 생각해 보았는가? 당신의 유통기한은 언제까지인가?

제품의 수명은 유통기한에 달려 있다. 사람의 수명 또한 유통기한에 달려 있다. 30대가 유통기한이라 생각하는 사람은 아무도 없을 것이다. 그러면 40대, 아니 50대가 유통기한? 아니다. 누구나 유통기한이 80세 이상이 될 때까지를 원할 것이다.

유통기한을 늘려야 한다. 나의 유통기한을 어떻게 늘릴 것인가?

• "직업을 선택해야 합니다."

직장을 찾지 말고 직업을 찾아라. 직장은 기한이 정해져 있다. 직장에 따라 정년이 다르다.

어느 회사는 55세가 정년이고, 어느 회사는 61세가 정년이다. 또 어떤 회사는 65세가 정년이다. 이렇게 회사마다 정년이 제각각이다 보니 이제 법률적으로 60세를 정년으로 보장하고 있다.

그렇다 하더라도 내가 이 직장에서 정년까지 가겠다고 생각하는 사람은 없는 것 같다. 마음속으로야 바람은 정년까지 갔으면 좋겠다고 생각하지만 현실은 그렇지가 않다. 그래서 '직장을 보지 말고 직업을 보라'고 하는 것이다.

나의 유통기한이 평생인 직업은 무엇일까? 내가 일할 수 있을 때까지 평생 할 수 있는 직업은 무엇일까?

길들여지는 것을 거부하라

다음의 공통점은? 뱀과 개구리, 고양이와 쥐, 무당벌레와 진딧물. 공통점을 찾았는가? 천적관계다. 뱀은 본능적으로 개구리를 잡아먹고, 고양이는 쥐를 잡아먹는다.

여기 고양이 한 마리가 있다. 그 옆을 쥐가 어슬렁거린다. 그러면 고양이는 어떻게 하는가? 본능적으로 쥐를 잡는다.

그런데 요즘 집에서 길러진 고양이는 쥐를 잡을 줄 모른다. 쥐가 옆에서 어슬렁거려도 쥐를 잡지 못한다. 야성을 잃었기 때문이다. 편안한 것에 길들여지다 보니 원래 가지고 있던 본능을 잃어버린 것이다.

나도 혹시 고양이처럼 길들여지고 있는 것은 아닐까? 고양이는 집이라는 안전지대에서 편안히 살다 야성이라는 본능을 잃어버렸다. 나는 직장이라는 안전지대에 편안히 머물다 생존능력이라는 본능을 잃어버리는 것은 아닐까?

유통기한을 늘리는 방법

직장	직업
정년이라는 유통기한이 있다.	정년이 따로 없다.

자기 안에 있는 야성을 잃는 순간 그 사람은 이미 죽은 인생을 사는 것이다. 길들여지는 것을 거부하라. 안전지대에 머무르려고 하는 것이 길들여지는 것이다.

안전지대(safe zone)에 머무르려는 자신과 싸워야 한다. 누구나 안전지대에서 살고자 한다. 어느 누가 비바람 부는 폭풍지대로 가고자 하겠는가?

그러나 기억하라. 안전지대가 언제까지 안전지대가 되지는 못한다는 사실을……. 오늘은 안전지대일지 모르지만 내일은 나를 황량한 벌판으로 내모는 사각지대일지도 모른다.

울타리를 벗어나라. 화초는 온실이라는 울타리를 벗어나야 튼튼해지고, 사람은 안전지대라는 울타리를 벗어나야 경쟁력이 생긴다.

• "'뽕'을 맞고 있지 않으세요?"

언젠가 친구들과 함께 저녁식사를 하고 있었다. 소주도 한 잔 하면서 직장 이야기, 자녀들 이야기, 세상사는 이야기들을 안주로 하고 있었다. 그러다가 이야기의 종착역이 나이에 도달하게 되었다.

대기업의 임원을 하고 있는 친구가 입을 열었다. 그 친구의 입에서

폭탄발언이 터졌다.

"나는 한 달에 한 번씩 뽕을 맞고 있어. 히로뽕 말이야."

그 친구의 말에 운행 중이던 에스컬레이터가 갑자기 멈춰 선 것처럼 입으로 달려가던 친구들의 술잔들이 일제히 멈춰 섰다. 모두들 놀란 표정으로 그를 쳐다보면서 무슨 말이냐 했더니, 그가 하는 말이 이랬다.

"매월 월급날에 히로뽕을 한 대씩 맞고 있어. 매월 정해진 날짜에 어김없이 월급을 꼬박꼬박 받다보니 1년, 2년 세월만 보내게 되었고, 이제는 경쟁력이 없어져 폐차 날짜만 기다리는 신세가 된 것 같아."

오늘만 보면서 살아왔던 결과라고 했다. 나름대로 하루하루 최선을 다하며 치열하게 살았다고 자부해 왔는데 세월이 지나고 보니 길들여진 삶을 살았고, 그 결과 경쟁력이 없어졌다는 것이다.

자신과 싸워야 한다. 길들여지려는 자신과 현실에 안주하려는 자신과 싸워야 한다.

• "'박수칠 때 떠나라' 했습니다."

〈박수칠 때 떠나라〉는 영화 제목이 있었다. 잘 나갈 때 떠나라는 말이다.

계절에게는 봄, 여름, 가을, 겨울이 있듯이 사람에게는 유아기, 성장기, 전성기, 쇠퇴기가 있다.

쇠퇴기가 언제 올지는 모른다. 그러나 누구에게나 쇠퇴기는 온다. 쇠퇴기가 언제일지는 모르지만 반드시 쇠퇴기가 온다는 것은 다 알고 있다. '기생은 환갑이 서른'이라 한다. 서른이면 기생의 생명도 끝이라는 말이다.

지금 있는 직장에서 당신의 환갑은 언제인가? 30대? 너무 빠른가? 그러면 40대? 그것도 너무 빠르다고…….

'박수칠 때 떠나라'고 했다. 박수칠 때 떠나 새로운 황금기를 만들 것인가, 아니면 가는 데까지 가다가 쇠퇴기를 맞을 것인가? 박수칠 때는 받아주는 곳이 많겠지만, 환갑이 지난 퇴기처럼 쇠퇴기의 사람은 어느 곳에서도 받아주려 하지 않는다는 사실을 명심하라.

소통

21. 인생의 전환점이 필요한 사람에게는?

절대적 기회

리크루팅 Approach

인생은 B-C-D

"Life is Choice between birth and death."

프랑스 실존주의 철학자 장폴 사르트르(Jean Paul Sartre)가 한 말이다.

무슨 말일까? 그대로 직역하면 '인생은 태어남과 죽음 사이의 선택이다'다. 무슨 뜻인지는 대강 알겠는데 명확하게 와닿지가 않는다. 안경에 김이 서려 있는 것같이 뿌옇다.

그러면 이렇게 의역해 보면 어떨까? '태어나서 죽을 때까지 선택하면서 살아가는 것이 인생이다'라고……. 명확해졌는가? 그래도 명확하지 않다고…….

그럼 다시 이렇게 해석해 보자. 인생이란 태어나서(Birth) 크고 작은 수많은 선택(Choice)을 하고 그 결과에 따라 살다가 결국에는 죽는다(Death). 이제 그 뜻이 명확해졌는가? 명확해졌다니 다행이다.

사람들이 이 말을 줄여서 '인생은 B–C–D'라고 한다. 사람은 Birth

(탄생)로 시작해서 Death(죽음)로 끝나는데, 그 중간에 Choice(선택)가 있다는 것이다. 우리는 날마다 선택을 하면서 살아가야 하는 운명을 가지고 태어났다.

'순간의 선택이 10년을 좌우합니다'라는 광고 문구가 있었다. 한 번 선택하면 좋으나 싫으나 10년은 써야 하므로 생각 없이 아무거나 선택하지 말라는 것이다.

당신은 지금 새로운 선택을 해야 하는 중요한 순간에 서 있다. 어떤 선택을 하느냐에 따라 앞으로의 삶이 행복의 길이냐, 고난의 길이냐가 결정된다. 따라서 선택은 신중하고 또 신중해야 한다.

리크루팅 Thinking

내가 했던 결정에 대해 생각해 보자.

우리는 날마다 선택과 결정을 하며 살고 있다. 좋은 결과이든 좋지 않은 결과이든 모두가 내가 선택하고 결정했던 것이다. 나에게 있어 잘했던 결정과 잘못되었던 결정에는 어떤 것들이 있었는가?

성공한 결정

실패한 결정

절대적 찬스가 있었는가?

사람에게는 절대적 기회가 세 번 주어진다고 한다. 나에게 있어 절대적인 기회였다고 한다면 언제 언제였는가?

1차

2차

3차

리크루팅 Insight

세 번의 터닝 포인트가 있다

가만히 돌이켜보면 인생의 방향을 결정지었던 결정적인 순간이 세 번 있었던 것 같다. 대학교 들어갈 때, 첫 직장을 선택할 때, 그리고 새로운 일을 시작할 때…….

인생의 방향을 결정짓는 첫 번째 결정적인 순간은 대학교를 들어갈 때이다. 어느 대학을 들어가고 어떤 전공을 선택했느냐에 따라 앞으로 그 사람의 인생 방향이 결정된다.

두 번째 결정적인 순간은 첫 직장을 선택할 때이다. 어떤 직종의 어떤 회사를 선택하느냐에 따라 앞으로 그 사람의 인생 진로가 결정된다. 여기서 기억해야 할 것이 대학의 전공 선택보다 첫 직장의 선택이 그 사람의 인생에 더 큰 영향을 준다는 사실이다.

이구백(이십대 구십 프로가 백수)의 시대, 청년 실업의 시대라는 용어가 유행하는 것처럼 대학을 졸업한다 하더라도 직장 구하기가 하늘에 별따기다. 그러다 보니 자기 전공과는 전혀 다른 직장을 선택하고 있다.

또 취업하는 것이 급하다 보니 많은 사람들이 자기 전공하고는 전혀 다른 직장에서 전공과는 무관한 일을 하면서 자기의 가치관과 전혀 다른 세계의 삶을 살고 있다.

세 번째 결정적인 순간은 다니던 직장을 그만두고 새로운 일을 시작할 때이다. 이때가 중요하다. 어떤 일을 선택하느냐에 따라 앞으로의 행로가 행복의 길이냐, 아니면 고난의 길이냐가 결정되기 때문이다.

그러나 대부분의 사람들은 자기가 앞으로 어떤 길을 가야 할지 결정하지 못하고 있다는 것이다. 짙은 안개 속에 갇혀 있는 것처럼 막막해 하고 있다는 것이다.

세 번의 결정적인 포인트

대학 진학	첫 직장	새로운 출발
전공 선택	인생 선택	가치관 선택

이제는 결정해야 한다. 이제부터는 내가 추구하는 가치 있는 삶을 선택해야 한다. 지금까지 먹고 사는 게 우선이었다고 한다면 이제부터는 내가 추구하는 가치를 우선으로 하는 삶을 선택해야 한다. 무엇을 할 것이냐가 아니라 어떻게 살 것이냐를 고민해야 한다는 말이다.

• "가치 중심의 삶으로 전환해야 합니다."

스위스 종치기에 대한 이야기다. 교회에서 40년 동안 종을 치다가 늙어서 죽을 때가 되었다. 병석에 누워 있다가 시간을 보니 종을 칠 시간이었다. 그는 모기만한 소리로 말했다.

"나를 일으켜 줘……."

그는 부축을 받으며 종을 치러 갔다. 종을 치고 나서 그 자리에서 쓰러져 죽었다. 종치기는 종을 치는 일을 자기 생애 최고의 가치로 살다 죽었다.

"나는 '부자로 살았다'는 말보다 '가치 있게 살았다'는 말을 듣고 싶다."

벤자민 프랭클린이 한 말이다.

돈을 위해 사는 것도 중요하지만 무언가 가치 있는 삶을 살다가 죽는 것이 더 중요하다. 바람같이 나타나 이슬처럼 사라지는 인생일 수는 없지 않는가?

지금이 절대적 찬스다

전직이 국세청 세무공무원이었던 사람이 있다. 그는 고객 컨설팅에서 손꼽히는 세무 전문가로, 15년이 넘게 세무공무원으로 살다가 전직해서 일약 억대 연봉자로 거듭난 사람이다.

'공무원 = 철밥통'이라는 생각에 요즘 20대 젊은이들이 고시 공부를 하면서까지 너도나도 들어가고 싶어하는 자리를 그는 거꾸로 박차고 뛰쳐나왔다.

세일즈 활동을 하면서 그의 주업무는 여전히 세무다. 그는 세일즈로 전환해서 자기의 주특기를 살리고 자신만의 가치 있는 삶으로 전환한 대표적인 케이스다. 그가 세일즈 활동을 시작하게 된 뒷이야기가 이렇다.

세무서에서 근무하고 있을 때였다.

합법적인 방법으로 세금 공제를 받을 수 있는데, 고객들이 세무적인 업무를 모르다 보니 돈이 줄줄 새고 있다는 것 자체를 모르고 있다는 것에 안타까움을 느끼게 되었다. 그래서 고객들에게 절세에 대한 도움을 줄 수 있어야 한다는 생각을 가지고 있었다.

그러던 차에 지금의 매니저를 만났다. '당신이 가지고 있는 세무 지식으로 고객에게 도움을 줄 수 있는 일을 해보지 않겠느냐'는 제안을 받았다. 처음에는 고민을 하지 않을 수 없었다.

'내가 이 안정적인 곳을 버리고 나가서 과연 바람 부는 세상에서 살아남을 수 있을까?'

그런 고민을 하고 있던 차에 어느 날 매니저가 그에게 이런 메일을 보냈다고 한다. 이 메일을 보고 그는 전직을 결심하게 되었다고 하는데 그 내용이 이렇다.

'난세에 영웅(英雄) 나고 불황에 거상(巨商) 난다'고 한다. 무슨 뜻인가? 임진왜란이라는 난세에 이순신이라는 영웅이 나타났다. 경제 불황이라는 위기에서 스티브 잡스라는 거상이 나타났다. 세상이 어려울 때 문제를 해결하면 그 사람이 영웅이 되고, 경기가 어려울 때 기회를 만들면 그 사람이 거상이 된다는 것이다.

이순신은 전쟁이 일어나기 전에 거북선을 준비했기에 영웅이 될 수 있었다. 스티브 잡스는 어려울 때 생각의 전환을 했기에 거상이 될 수 있었다.

"Stay hungry, Stay foolish(항상 갈망하라, 우직하게 나아가라)."

스티브 잡스가 스탠퍼드대학 졸업식에서 했던 말이다. Stay hungry (항상 갈망하라). 현재 상태에 만족하지 말고 계속 갈망하라는 말이다. Stay foolish(우직하게 나아가라). 자만하지 말고 항상 모자람이 있다고 생각하라는 말이다.

만족할 때가 아닌데 현실에 안주하려고 하는 데 문제가 있다.

• "허물을 벗지 않으면 죽습니다."

"뱀은 허물을 벗지 못하면 죽는다."

독일의 대문호 괴테가 한 말이다.

뱀은 보통 10년을 산다. 1년에 2~3번 허물을 벗는데 10년을 살면서 평생 20~30번의 허물을 벗는다.

뱀은 반드시 허물을 벗어야 한다. 그렇지 않으면 피부가 딱딱해져 성장하지 못하고 결국 허물 안에서 죽고 만다. 성장기에 있는 뱀이 허물벗기를 자주하는 것은 이런 이유에서다.

사람도 허물을 벗지 못하면 죽는다. 변화가 없는 인생은 죽은 것이나 다름없다. 지금이 당신이 허물을 벗을 타이밍이다.

• "지금이 타이밍이에요."

잘 못 들어선 길은 빨리 유턴(U-turn)해야 한다. 가면 갈수록 돌아올 수 있는 길은 멀어져 간다.

흔히들 '위기는 기회다'라고 한다. 귀에 딱지가 붙을 정도로 많이 들어온 말이다. 이제는 듣기만 해도 역겨워지려고 한다.

그러나 한 번만 더 들어라. 왜일까? 지금 세상이 어렵다. 지금 경기가 불황이다. 지금의 당신을 위해서 오래전부터 준비된 말이 '위기는 기회'라는 말이다.

그러나 오해하지 마라. 세상이 어렵다고 해서, 경기가 불황이라고 해서 기회가 저절로 온다는 뜻은 아니다. 미리 준비하고 대비한 사람에게만 위기가 기회가 된다는 말이다.

에필로그

먼저 산을 보고 그 다음에 나무를 보라. 그래야 열매를 딸 수 있다

먼저 산을 보자

'사슴을 쫓는 자는 태산을 보지 못한다'고 했다. 이 말을 이렇게 바꿔보면 어떨까?

'리크루팅 후보자를 쫓는 자는 리크루팅을 못한다.'

당장 신인을 데려오겠다는 급한 마음에 후보자를 찾는 사람은 리크루팅을 못한다는 말이다.

리크루팅은 대상자를 찾아 가능성이 있는 사람을 선별하고 그 가능자를 중심으로 3개월 또는 6개월의 배양기간을 통하여 친분관계를 만들어 후보자를 만들어야 하는데, 그런 과정도 없이 당장 설득해서 데려오겠다고 덤비는 사람은 리크루팅을 못한다는 말이다.

리크루팅에 성공하려면 Overview를 먼저 해야 한다. Over(위에서)

View(바라봄)해야 한다는 말이다. 다시 말하면 리크루팅에 성공하려면 숲을 먼저 보고 그 다음에 나무를 보는 전략으로 접근해야 열매를 딸 수 있다는 말이다. 그러나 리크루팅에 실패하는 대부분의 사람들을 보면 산을 보려는 노력 없이 나무만 보고 막무가내로 덤비니까 실패하는 것이다.

리크루팅 Overview

인통(人通)	→	심통(心通)	→	소통(疏通)
산을 본다.		나무를 본다.		열매를 딴다.

이 책에서는 먼저 산을 보는 전략으로 인통(人通)에 대해 설명했다. 리크루팅에 성공하려면 먼저 인맥을 형성해야 한다는 것이었다. 이 책을 쓰는 내내 한 가지 염려되는 것이 있다면 이 책을 읽는 사람들에게서 혹시 칵테일 파티 효과가 나타나지 않을까 하는 것이었다.

'칵테일 파티 효과(cocktail party effect)'라는 게 있다. 칵테일 파티에서 여러 사람들이 모여 한꺼번에 이야기하고 있을 때 사람들은 자신이 관심을 갖는 이야기만 골라 듣는다는 것이 칵테일 파티 효과라는 것이다. 시끄러운 잔칫집에서 자기가 대화하는 한 사람에게만 주의를 집중하고 같은 장소의 다른 사람들이 하는 말에는 관심을 갖지 않는다는 것이다.

칵테일 파티 효과	자기가 관심 있는 것에만 집중하고 선별해서 듣는 것

사람들은 누구나 자기 중심적이다. 사람들은 자기가 보고자 하는 것에만 관심을 갖고 자기가 듣고자 하는 소리만 듣는 경향이 있다. 이 책을 대하는 사람들에게는 칵테일 파티 효과가 일어나지 않았으면 하는 바람이다. 고정관념에 사로잡혀 지금까지 해왔던 방법으로 자기가 보고자 하는 것만 선별해서 보거나 듣고자 하는 것만 선별해서 듣는 경향이 일어나지 않았으면 하는 바람이다. 열린 마음으로 먼저 숲을 보고 그 다음에 나무를 보는 전략으로 임했으면 좋겠다.

'나'라는 글자를 보라. 마음이라는 대문이 열린 모양이다. '너'라는 글자를 보라. 마음이 안으로 닫힌 모양이다. '나'를 닫으면 '너'가 된다. '나'를 열만 모두가 '나'다.

마음을 닫으면 리크루팅이 닫힌다. 마음을 닫으면 고정관념에서 벗어나지 못한다. 리크루팅을 하고자 한다면 열린 마음으로 임해야 한다. 지금까지 해왔던 방법은 다 버리고 새로운 것을 찾고자 하는 마음으로 임해야 새로운 것을 얻게 된다.

'나' 하고 소리를 내보라. 입이 열린다. '남' 하고 소리를 내보라. 입이 닫힌다. '나' 를 닫으면 '남'이 된다. 마음을 열면 모두가 '나'이다. 마음을 닫으면 모두가 '남'이다.

마음을 열면 리크루팅에 대한 새로운 시각이 생긴다. 마음을 열면 모든 것이 새롭다. 그러나 마음을 닫으면 아무리 새로운 것이라 할지라도 그저 그런 것으로밖에 보이지 않는다.

관점에 따라 달라진다. 한자 두 글자가 있다. 犬(개 견), 太(클 태). 공통점은 무엇인가? 두 글자 모두에게 大(큰 대)라는 글자가 있다는 것이다. 그러면 차이점은 무엇인가? 大라는 글자에 점이 하나씩 찍혀 있는데, 점이 찍힌 위치가 다르다는 것이다. 점을 어디에 찍느냐에 따라 개 같은 인생이 될 수도 있고, 큰 인물의 인생을 살 수도 있다는 것이다.

다시 말하면 리크루팅을 어떤 관점으로 바라보느냐에 따라 실패할 수도 있고, 성공할 수도 있다는 것이다. 다시 강조하지만 리크루팅에 성공하려면 제일 먼저 숲을 보는 관점을 가져야 한다. 즉, 인맥을 만드는 인통을 먼저 행해야 한다는 것이다.

그 다음에 나무를 보자

숲을 봤으면 그 다음 단계로 숲 속에 있는 나무를 보는 것이다. 즉, 인통으로 리크루팅 대상자를 찾았으면 그 다음 단계로 리크루팅 대상자를 한 명 한 명 접근해서 가능자를 선별하고, 가능자를 중심으로 친분관계를 만들어 가는 과정이 필요하다.

친분관계를 만들어 가는 이 단계에서 잊지 말아야 하는 사실이 하나 있다. 사람은 다 똑같지 않다는 것이다. 사람마다 니즈(needs)가 다르고 관심사가 다르다는 것이다.

따라서 리크루팅에 성공하려면 리크루팅 대상자를 천편일률적으로 접근하면 안 된다. 한 사람 한 사람의 니즈를 파악하고 그 니즈를 해결하는 방법을 모색해야 한다.

사람은 연령대별로 관심사가 다르다. 다음은 인터넷에 떠돌고 있는 연령대별 관심사다. 남자와 여자의 연령대별 관심사를 한 번 들여다 보고 그 차이점을 비교해 보자.

연령대별 남자의 관심사

10대 : 게임

20대 : 군대와 취업

30대 : 결혼과 집장만

40대 : 명퇴와 정력

50대 : 이혼

60대 : 애완견

10대의 관심사는 게임이다. 누군가 만점을 찍었다는 소식을 들으면 잠자고 있던 승부 기질이 벌떡 일어난다.

20대의 관심사는 군대와 취업이다. 막상 군대에 가보니 그동안 술이나 처먹었지 배운 기술도 지식도 없다는 것을 깨닫게 된다.

30대의 관심사는 결혼과 집장만이다. 돈이 없어 부모님께 비비려고 했더니 씨알도 안 먹힌다. 날 낳았으면 집까지 책임져야 할 것이 아니냐고 했다가 아버지로부터 욕만 한 바가지 먹었다.

40대의 관심사는 명퇴와 정력이다. 20대의 열정도 30대의 끈기도 이젠 없다. 믿을 거라고는 보양식밖에 없다. 하지만 이런 보양식을 먹어도 감히 안방에는 들어갈 자신도 없다.

50대의 관심사는 이혼이다. 이혼하고 싶은 것이 아니라 이혼당할까

봐 두려운 것이다. 이사할 때는 아내가 소중히 여기는 것을 붙잡고 있는 것이 상책이다. 나를 버릴지는 몰라도 소중히 여기는 물건은 버리지 않을 것이기 때문이다.

60대의 관심사는 애완견이다. 집에 돌아와도 반겨주는 것은 애완견뿐이다. 아내가 나를 본척만척한 지는 오래되었다. 다음 세대에 다시 태어나면 애완견하고 결혼하고 싶은 심정이다.

연령대별 여자의 관심사

10대 : 연예인

20대 : 옷, 화장품, 명품

30대 : 피부와 성형수술

40대 : 재테크

50대 : 자랑거리

60대 : 건강

10대의 관심사는 연예인이다. 오늘 연예인 오빠들에게 무슨 일이 있었는가를 체크하는 것이 하루의 기쁨이다. 그들이 해체라도 되는 날에는 하늘이 무너진다.

20대의 관심사는 옷과 화장품과 명품, 그리고 그것들을 사주는 남자이다. 아무리 관심이 있어도 사지 못하면 말짱 꽝이기 때문이다.

30대의 관심사는 피부와 성형수술이다. 피부와 성형수술을 통한 늙지 않는 법이다. 여태까지 번 돈을 다 쏟아 부어도 아깝지 않다. 돈은 또 벌 수 있지만 한 번 망가진 피부는 되돌릴 수 없기 때문이다.

40대의 관심사는 재테크이다. 아뿔싸~. 남편 몰래 투자했던 주식이 폭락했다. 하지만 곧 당당해진다. 쥐꼬리만한 남편 월급으로 오늘 이만큼 살게 된 것도 다 내 재테크 덕분이라 생각하기 때문이다.

50대의 관심사는 자랑거리이다. 남편 자랑, 집 자랑, 아들 자랑, 딸 자랑, 돈 자랑, 화장품 자랑, 다니는 헬스장 자랑……. 닥치는 대로 자랑을 한다. 있는 자랑, 없는 자랑 다 하다가 자랑거리가 없으면 며느리를 흉보기 시작한다.

60대의 관심사는 건강이다. 건강에 관해서는 거의 허준 수준이다. 얘기하다 보면 의사는 아니지만 자기가 아는 상식으로 처방을 내려준다.

여기서 한 가지 발견하게 되는 것은 연령별로 관심사가 다르다는 것이다. 또한 남자와 여자는 관심사가 극명하게 차이가 있음을 알게 된다. 따라서 리크루팅 대상자를 만날 때는 연령에 따라서, 상황에 따라서 접근하는 방법을 달리해야 한다. 그러나 대부분의 사람들이 이런 생각 없이 천편일률적인 방법으로 접근하고 있음을 보게 된다.

친숙 단계에서는 리크루팅 대상자를 만날 때마다 한 사람 한 사람에 대한 라이프 스타일(Life style)을 파악해야 한다. 즉, 리크루팅 대상자의 니즈를 파악하는 것이 필요하다. 그 니즈에 따라 접근 방법을 달리해야 리크루팅을 성공할 수 있기 때문이다.

마지막으로 열매를 따자

숲을 보고 나무를 보았으면 마지막으로 해야 하는 것이 나무의 열매를 따는 것이다. 나무의 열매를 보면 좋은 열매, 나쁜 열매들이 있음을 보게 된다. 멀리 떨어져 보면 어느 것이 좋은 열매인지, 어느 것이 나쁜 열매인지 알 수가 없다. 그러나 가까이 다가가서 자세히 들여다보면 좋은 열매와 나쁜 열매를 구분할 수 있게 된다.

리크루팅 대상자를 보면 우량 자원, 불량 자원이 있음을 보게 된다. 멀리서 보면 어떤 사람이 우량 자원인지, 어떤 사람이 불량 자원인지 알 수가 없다. 그러나 친해지고 나면 어떤 사람은 긍정적이고 도전적인 사람이 있는가 하면, 어떤 사람은 매사가 부정적이고 소극적인 사람이 있다.

우리가 찾고 있는 사람은 어떤 사람인가? 우량 자원인가, 불량 자원인가? 리크루팅의 궁극적인 목적은 우량 자원을 도입하는 것이다. 그러나 우량 자원이라 할지라도 막상 만나서 대화를 하다 보면 여러 가지 이유로 활동을 거절하는 사람들이 많다. 이럴 때는 어떻게 해야 할까?

이 단계에서는 나무를 보는 단계에서 라이프 스타일을 연구했던 것을 토대로 솔루션(solution)을 제시해 줄 수 있어야 한다. 그것이 죽이는 한마디를 만드는 것이다. 즉, 상대방이 가장 듣고자 하는 것을 파악해서 상대방의 관심을 끌어낼 수 있는 한마디, 즉 죽이는 한마디를 제시하는 것이다. 예를 들면 이렇다.

• "3년 2억 프로젝트를 하세요?"

"아파트 중도금을 고민하고 있는 사람이 있었어요. 그 사람에게 '3년 2억 프로젝트'를 제시해서 성공했어요."

한 매니저가 아파트를 분양받고 중도금을 고민하고 있던 사람을 리크루팅에 성공했다고 하면서 들려준 사례이다.

그 사람은 신규 아파트 분양에 당첨되었는데 중도금 때문에 고민하고 있던 중이었다. 그에게 상담을 할 때 "3년 2억 프로젝트를 아세요?"라고 말문을 열었더니, 활동할 수 없다고 하던 그가 관심을 보이더라고 했다. 그리고 '3년 2억 프로젝트'를 설명했더니, 완강히 거절하던 그가 마침내 활동하겠노라고 결정하게 되었다는 것이다. '3년 2억 프로젝트'라는 말에서 아파트 중도금을 해결할 수 있는 방법을 찾은 것이다.

"중요한 것은 우리 일의 가장 핵심적인 속성이 무엇이냐 하는 것을 찾아야 합니다. 그래야 가치(value)를 제시할 수 있어요."

그가 가치를 만드는 방법을 설명하면서 하는 말이다.

"우리는 아이들의 10년을 생각합니다."

한 학습지 회사에서 매일 외치고 있는 말이다. 오늘 우리가 하는 일이 사랑하는 아이들의 10년 앞을 위한 일이라는 것이다. 일에 대한 자부심이 달라진다. 일에 대한 애착이 달라진다. 일에 대한 사명감이 달라진다.

또 다른 학습지 회사에서는 '지구 인재 선생님'이라는 말을 쓴다. 글로벌 시대에서 우리가 하는 일이 지구 인재를 키우는 일이라는 뜻이다.

세상은 가치(value)와의 싸움이다. 사실(fact)을 말하지 말고 가치(value)를 제시하라.

이제 이야기를 마무리하려고 한다. 세상만사 쉬운 방법에는 성공이 없다. 쉬운 것을 찾으면 얻을 수 있는 게 아무것도 없다. 리크루팅에 성공하려면 쉬운 방법을 찾으려 하지 말고, 힘들고 어려운 방법을 도전해야 한다. 아마추어는 쉬운 길을 좋아하고, 프로는 힘든 길을 좋아한다는 사실을 잊지 말자.

지리산에서 제일 높은 봉우리가 무엇인가? 천왕봉(1,915m)이다. 이 천왕봉을 오르는 길은 하나만 있는 것이 아니다. 수 백 개의 길이 있다. 이 길로 갈 수도 있고, 저 길로 갈 수도 있다.

지리산 천왕봉을 오른다고 한다면 어떤 길을 선택하겠는가? 아마추어냐, 프로냐에 따라 선택하는 길이 달라진다. 아마추어는 쉬운 길을 선택한다. 되도록이면 힘들이지 않고 오를 수 있는 산책 코스와 같은 길을 선택한다. 그러나 대부분의 아마추어들은 산 정상까지 오르지 못한다. 중간에서 포기하고 되돌아가는 경우가 더 많다.

그러나 전문가들을 보라. '산 다람쥐'라는 별명을 가진 마니아들을 보라. 그들은 쉬운 코스를 선택하지 않는다. 남들이 가지 않은 힘든 코스를 더 좋아한다. 그러면서도 그들은 산 정상까지 올라간다.

쉬운 방법으로 리크루팅을 풀어가는 사람은 리크루팅을 못한다. 조금은 힘들고 시간이 필요하더라도 힘든 방법으로 리크루팅을 풀어가는 사람이 성공한다.

쉬운 방법이 리크루팅 후보자를 보는 것이요, 힘든 방법이 리크루팅 대상자를 먼저 찾은 다음 그 대상자를 중심으로 활동 가능자를 찾아내고 그들과의 친분관계를 형성해서 신인을 도입하는 방법이다. 그 방법이 먼저 숲을 보고 그 다음에 나무를 보고 마지막으로 열매를 따는 방법이다. 이 책에서는 그 과정을 인통, 심통, 소통으로 설명하였다.

아무쪼록 리크루팅을 쉬운 방법으로 풀려고 하지 말고, 다소 힘들고 어렵더라도 인통, 심통, 소통의 과정을 거쳐 풀어갈 수 있기를 바란다. 이것이 리크루팅의 정석이다.

리크루팅의 정석 3가지가 통했느냐?

초판 1쇄 발행 | 2016년 2월 5일
초판 7쇄 발행 | 2023년 10월 15일

지은이 | 문충태(ChoongTae Moon)
펴낸이 | 최점옥(JeomOg Choi)
펴낸곳 | 중앙경제평론사(Joongang Economy Publishing Co.)

대 표 | 김용주
책임편집 | 한옥수
본문디자인 | 박근영

출력 | 삼신문화 종이 | 에이엔페이퍼 인쇄 | 삼신문화 제본 | 은정제책사

잘못된 책은 구입한 서점에서 교환해드립니다.
가격은 표지 뒷면에 있습니다.

ISBN 978-89-6054-160-3(03320)

등록 | 1991년 4월 10일 제2-1153호
주소 | ㊥ 04590 서울시 중구 다산로20길 5(신당4동 340-128) 중앙빌딩
전화 | (02)2253-4463(代) 팩스 | (02)2253-7988
홈페이지 | www.japub.co.kr 블로그 | http://blog.naver.com/japub
네이버 스마트스토어 | https://smartstore.naver.com/jaub 이메일 | japub@naver.com
♣ 중앙경제평론사는 중앙생활사 · 중앙에듀북스와 자매회사입니다.

※ 이 도서의 국립중앙도서관 출판시도서목록(CIP)은 서지정보유통지원시스템 홈페이지(http://seoji.nl.go.kr)와 국가자료공동목록시스템(http://www.nl.go.kr/kolisnet)에서 이용하실 수 있습니다.(CIP제어번호:CIP2016000357)